Impressum

Peter Boller: "Zürich entschweigen". Psychologie in Zürich –
eine Spurensuche. Katalog zur Ausstellung 'Wild Card 14' im
Museum Strauhof Zürich, 7.–15. Mai 2022
1. Auflage 2022. Alle Rechte vorbehalten.
Copyright © Peter Boller, Zürich
Herstellung und Verlag: BoD – Books on Demand, Norderstedt
ISBN: 978-3-756873-73-9

Gestaltung und Texte: Dr. P. Boller, Zürich
online-Bildquellen zuletzt abgerufen am 11. 10. 2022.

Kontakt: info@entschweigen.ch

Bildquellen Titelseite:
Aufnahmen aus der Ausstellung:
Aufnahme 1: © Museum Strauhof,
Aufnahme 3 und 4 © P. Boller,
Aufnahme 2 © Szondi-Institut (Auszug aus dem Gutachten
zum Szondi-Test mit Adolf Eichmann vom 1. 4. 1961)

Inhalt

1 Einleitung: Psychologie hat viele Gesichter 5

2 Exponate 9

3 Verzeichnis der Dokumente 9

4 Zitate aus Interviews: Hörstationen 31

5 Menschenbilder und ihre Funktion 33

6 Flyer 55

1 Psychologie hat viele Gesichter

Dass Zürich zu unterschiedlichen Zeiten ein Zentrum der Psychologie war, ist kein Geheimnis. Dennoch erstaunt bei näherer Betrachtung, wie lückenhaft und holzschnittartig das Wissen um Inhalte und Zusammenhänge ist. Auch wenn sich hier die Wege von Alice Miller und Alexander Mitscherlich kreuzten, Friedrich Liebling, Josef Rattner, Paul Parin, Mario Erdheim, Martha Eicke-Spengler, Oskar Pfister, Sabina Spielrein, Berthold Rothschild, Eugen Bleuler, C. G. Jung, Medard Boss, Ruth Cohn, Otto Gross, Arno Gruen und andere in Zürich Inspirationen holten oder bestehende Ansätze weiterentwickelten, so finden sich kaum Spuren dazu im öffentlichen Bewusstsein. Woher rührt diese bemerkenswerte "Erinnerungsschwäche"? Es scheint sich um eine einseitige "Amnesie" zu handeln, denn gewisse Autoritäten – Bleuler oder Jung – galten lange als Referenzpunkte.

Im Unterschied zu anderen Wissenschaften drangen die Erkenntnisse der Psychologie jedoch nicht durchgehend ins allgemeine Bewusstsein ein. Hilfesuchende, Künstlerkreise oder gesellschaftskritische Intellektuelle mochten die neuen Ideen seit Freud dankbar aufnehmen, doch in anderen Kreisen erregten sie Missfallen. Noch 1958 warnte etwa der Papst vor einer "Überschätzung des Unterbewussten" (Dok 054).[1] Unter besonderer Beobachtung standen Psychologen, wenn sie sich zu militärischen Fragen äusserten, wie Freud, der 1920 ein Gutachten zu Wagner-Jauregg verfasste (Dok 021). Eine kritische Äusserung zum Koreakrieg beendete im Beispiel des Zürcher Psychiaters Rudolf Brun 1952 gar dessen Karriere (Dok 040). Noch Ende der 60er Jahre war die Skepsis in der Ärzteschaft gegenüber psychoanalytischen Themen so gross, dass Martha Eicke-Spengler dazu keine medizinische Doktorarbeit schreiben durfte. Da sie berufspraktische Erfahrungen darin hatte, hielt man sie überdies für voreingenommen (Dok 061). Dennoch erkannten manche Praktiker in den 1970er Jahren, dass eine psychologische Weiterbildung ein Vorteil im Lehrerberuf ist.[2] 2016 wiederum berichtete eine Zeitung, man habe lieber Lehramtskandidaten ohne psychologische Vorbildung (Dok 101). Die meisten psychologischen Richtungen durchlebten Spaltungen. Im Fall des Psychoanalytischen Seminars folgte eine produktive Blüte. In anderen Fällen litt die fachliche Arbeit darunter. Und während Neurologen mit ihren Methoden ein optimistisches Menschenbild nahelegen, wie es die Individualpsychologie und Neopsychoanalyse bestätigen können, tun sich die Medien ganz offensichtlich schwer, das "verminte Feld" zu verlassen und im Sinne der Prävention aufzuklären.[3]

Die grössere Toleranz gegenüber Drogenabhängigen oder sexuellen Minderheiten steht wohl auch im Zusammenhang mit einer grösseren psychologischen Sensibilität der Öffentlichkeit. Auch die Liberalisierung der Psychotherapie von 2022 (direkte Abrechnung der Therapeuten mit Krankenkasse) ist ein Fortschritt. Ob allerdings die Institutionalisierung und die Akademisierung der Psychologenausbildung die Qualität tatsächlich verbessert, wird sich weisen. Immerhin haben sich Freud und fast alle Tiefenpsychologen für die "Laienanalyse" ausgesprochen.

Neben den bekannten und anerkannten psychologischen Konzepten, die sich in den psychologischen Ausbildungsgängen integrierten und behaupteten, gab es zahlreiche Ansätze, die vergessen gingen oder verdrängt wurden, nicht nur, weil sie reaktionär oder wissenschaftlich unhaltbar waren – Beispiel Lavaters Charakterstudien – sondern weil sie im Gegenteil eine sehr berechtigte und schonungslose Kritik übten oder gar ihrer Zeit voraus waren. Die Ausstellung im Museum Strauhof ("Wild Card 14") ist eine gute Gelegenheit, die verlorenen Fäden zusammenzuführen und auf dem zeitgeschichtlichen Hintergrund einzuordnen. Welche Fragen sind heute erlaubt, sinnvoll, nötig? Wie offen darf man sprechen? Wie aktuell sind die zu entdeckenden Modelle und Perspektiven? Dies möchte die Ausstellung zur Diskussion stellen.

Abschliessend noch ein paar Hinweise zum Aufbau der Ausstellung: Hauptelement der Ausstellung ist eine Art Wäscheleine als Zeitstrahl. Daran hängen an Klammern rund 100 Dossiers zu einer Jahreszahl, die sich mit einem Namen oder Ereignis verbinden. Einige dieser Zettel sind leer, was den Besucherinnen und Besuchern die Gelegenheit gibt, Ereignisse und Erinnerungen, die ihrer Meinung nach auch in die Ausstellung gehören, einzufügen. – In einem Raum befinden sich um einen Tisch angeordnet zehn Hörstationen mit Ausschnitten aus biografischen Interviews. Diese stammen teilweise von Therapeuten unterschiedlicher Richtungen und teilweise von Zeitzeugen, die sich über einen längeren Zeitraum psychologisch weiterbildeten. – Mehrere Schaukästen enthalten Bücher, Bilder oder Zeitdokumente. Dabei sind sowohl der Testbericht von Leopold Szondi über Adolf Eichmann wie auch die Staatschutz-Fiche zu Szondi von besonderem Interesse. Aber auch Fälschungen, wie sie der Verein zur Förderung der psychologischen Menschenkenntnis (VPM: 1986-2002), vorgenommen hatte, um die eigene Geschichte zurechtzubiegen und Kritiker der skandalösen Entwicklung nach Lieblings Tod aus dem Gedächtnis zu löschen. Ausserdem finden sich hier auch Bilder aus dem Umfeld des Psychoanalytischen Seminars Zürich. – Schaubilder zur Entwicklung der Psychiatrie einerseits und der psychologischen Strömungen andererseits dienen der geschichtlichen Einordnung. – Nebst Führungen durch die Ausstellung waren schliesslich auch Stadtrundgänge an Orte der Geschichte der Tiefenpsychologie in Zürich Teil der Veranstaltung. Diese sollten Gelegenheit bieten, miteinander ins Gespräch zu kommen und Verbindungen zur heutigen Situation der Psychologie in dieser Stadt aufzuzeigen. Der hier abgedruckte Text "Menschenbilder und ihre Funktion" war nicht Teil der Ausstellung. Er erscheint an dieser Stelle erstmals als Diskussonsbeitrag.

"Zürich entschweigen" war ein Erfolg. Über 400 Interessierte besuchten den Strauhof oder nahmen an einer Führung teil. Für eine Veranstaltung, die nur neun Tage lang dauerte und nicht mit Inseraten beworben wurde, ist das ein regelrechter Ansturm. Von verschiedenen Seiten war der Wunsch zu hören, die Ausstellung über einen längeren Zeitraum zu zeigen oder an weiteren Orten fortzusetzen. – Besonderen Dank geht an Rémi Jaccard und Philip Sippel vom Museum Straufhof, die diese Wild Card ermöglicht haben, an die Interviewpartnern für Ihre Bereitschaft und Offenheit (Alois Altenweger, Ingrid Feigl, Dr. Olaf Knellessen John Hill, Samuel Müri, Thomas Steiner, an Fritz Müller, Vera Schneider*, Dr. Felix Notter*), ferner an das Psychoanalytische Seminar und das Szondi-Institut. Wertvolle Hinweise im wissenschaftlichen Austausch habe ich von Prof. Gerald Hüther, Prof. Jakob Tanner, von Thomas Kurz, Dr. Jürg Rüedi, Marianne Schuler und last not least von Verena Poestgens erhalten. Allfällige Fehler in den Texten stehen alleine in meiner Verantwortung.

---

* Pseudonyme

[1] Der Kürzel "Dok" verweist auf die gezeigte Dokumente der Ausstellung. Eine Übersicht dazu befindet sich in diesem Katalog auf den Seiten 9-31 jeweils auf der unteren Seitenhälfte.

[2] Schuler, Marianne: Zum 40. Todestag von Friedrich Liebling. In: Zeitschrift für Individualpsychologie 4/47 (2022), S. 379 (erscheint demnächst).

[3] Roth, Gerhard: Über den Menschen. Berlin 2021, S. 233.

2 Exponate

Aus Dok 002:

„Ein großer Theil der Unglücklichen, hier Einge-
sperrten, sind Soldaten. Viele sind nicht in die
Behältnisse eingekerkert, sondern sitzen und
laufen in den Gängen umher. Manche liegen an
Ketten in ihren Kerkern, und sind an die Wände
angeschlossen." (Wikipedia zu „Narrenturm")

Aus Dok 004:

Nadeschda Suslowa schliesst als erste Frau in Europa an der Universität Zürich ihr Medizinstudium mit dem Doktorexamen ab. In den Reformen nach dem Krimkrieg schaffte Zar Alexander II. die Leibeigenschaft ab (1861) und verbot zugleich das Frauenstudium (1863), da er in studierenden Frauen ein revolutionäres Wesen erkannte. Nadeschda Suslowa schloss 1867 als erste Frau ihr Medizinstudium ab und wurde damit zum Vorbild einer ganzen Generation, was auch die Anziehung Zürichs für junge Russinnen und Russen erklärt. Die Limmatstadt hatte ein eigentliches 'russisches Viertel' mit einer russischen Bibliothek etc. Nadeschda Suslowa war in erster Ehe mit Friedrich Erismann verheiratet, der später Gemeinderat in Zürich war. Die Wohnbausiedlung Erismannhof (1928) in Aussersihl ist nach ihm benannt. Erst seit dem Jahr 2020 erinnert eine Ehrentafel an der Universität Zürich an die russische Pionierin.

(Bild: https://schweiz-russland.ch/nadeschda-suslowa.html)

3 Verzeichnis der Dokumente

001: 1772, Lavater Physiognomik – **002**: 1784, Narrenturm Wien – **003**: *Entschweigen erwünscht* – **004**: 1867, Frauenstudium Universität Zürich – **005**: 1874, Wilhelm Wundt in Zürich – **006**: 1887, Alfred Ploetz in Zürich – **007**: 1899, Freud: Die Traumdeutung – **008**: 1900, Jung stösst durch Bleuler auf Freud – **009**: 1904, Sabina Spielrein ist Jungs Patientin in der Klinik Burghölzli – **010**: *Entschweigen erwünscht* – **011**: 1908, Max Rascher Verlag am Limmatquai gegründet, der Exil-

Texte	Dok 006
Themen:	Eugenik, Wissenschaftsgeschichte, Medizin, Sozialpolitik
1887	Alfred Ploetz studiert in der Folge der Sozialisten-gesetze (Bismarck) in Zürich. Er ist befreundet mit Gerhard Hauptmann und studiert bei Auguste Forel. Es kommt zu einer merkwürdigen Mischung aus Rassenlehre, Eugenik, Antialkoholismus und utopischen Gedanken (E. Cabet, 'Ikarien'). Ploetz wird später als Rassenforscher Karriere machen. Er heiratet Pauline Rüdin, die Schwester Ernst Rü-dins. Der Schweizer Rüdin, später Deutsche, war im Nationalsozialismus an der Seite von Ploetz federführend am 'Gesetz zur Verhütung erbkran-ken Nachwuchses' (14. 7. 1933) beteiligt. Dieses Gesetzt bildete die Grundlage zur Tötung von Be-hinderten und sogenannten Geisteskranken. Die Eugenik ist das Extrembeispiel für das Zu-sammenwirken von Biologie und Staatsräson. Zwangssterilisierungen waren in der Schweizer Psychiatrie bis in die 1980er Jahre Realität. Siehe auch: - Gerhard Hauptmann: Vor Sonnenaufgang (1889) - Uwe Timm: Ikarien (2017) - Annette Eberle: Die Ärzteschaft in Bayern und die Praxis der Medizin im Nationalsozialismus (2017)
Querverweise:	Dok 024, 055

autoren, Kunstbände und psychologische Schriften veröffentlicht – **012**: 1908, Otto Gross als Patient in der Klinik Burghölzli – **013**: 1909-1939, Briefwechsel zwischen Oskar Pfister und Sigmund Freud – **014**: 1911, Bruch zwischen Alfred Adler und Freud – **015**: 1915, Freud ver-fasst in einem Prozess gegen Julius Wagner-Jauregg ein Gutachten zur Frage, ob Kriegzitterer mit Elektroschocks zu behandeln seien – **016**: 1913, Bruch zwischen C. G. Jung und Freud – **017**: *Entschwei-gen erwünscht* – **018**: 1916, Kriegspsychiatrische Konferenz be-schliesst, dass langanhaltende Traumata nicht Folge des Krieges sein könnten. Erst 1980 wird die Kriegsneurose von der WHO anerkannt –

Orte	Dok 011
Themen:	Migration, Kultur, Psychologie und Krieg
1908	Max Rascher Verlag gegründet. Limmatquai 50. Rascher spezialisiert sich auf pazifistische Literatur, Kunst und Psychologie. Der Rascher-Verlag steht damit in einer ähnlichen Tradition wie später der Verleger Emil Oprecht oder der Buchhändler Theo Pinkus. Ganz anders der Schweizerische Schriftstellerverband, der im Zweiten Weltkrieg in den ausländischen Autoren, abgesehen von einzelnen grossen Namen, eine gefährliche Konkurrenz sah. Verschiedene pazifistische Autoren wie Leonhard Frank veröffentlichten im Rascher Verlag. Auch C. G. Jung publizierte seine frühen Schriften hier.

019: 1919, Schweizerische Gesellschaft für Psychoanalyse gegründet, ab 1977 als "Freud-Institut" in Zürich – **020**: 1919– 1934, das Rote Wien schafft einer Reihe von Neuerungen für die breite Bevölkerungen. Alfred Adler errichtet ein Netz von zuletzt 27 Erziehungsberatungsstellen im Sinne der Prävention seelischen Leids, zur Weiterbildung von Erzieherinnen, Eltern, Sozialarbeiter. In diesem Umfeld sind auch Alfons Simon, Ernst Papanek und Friedrich Liebling tätig. – **021**: 1920, Gutachten Freuds im Prozess gegen Julius Wagner-Jauregg – **022**: 1916, Leonhard Franks Antikriegsnovellen erscheinen im Rascher Verlag unter dem Titel: "Der Mensch ist gut" – **023**: 1923,

Aus Dok 012:

"Die Psychopathie mit verflachtem Bewusstsein in ihren leichteren und leichtesten Formen wird vom Volk regelmässig als ganz besonders gute Gesundheit aufgefasst und die Seelenverfassung dieser Leute als ,unverwüstliches Temperament' bezeichnet. Dem liegt, wie wir gesehen haben, eine richtige Erfahrung zugrunde, nämlich die Immunität gegen psychotraumatische Erkrankung."

(Otto Gross 1909 nach: Emanuel Hurwitz: Otto Gross – Paradiessucher zwischen Freud und Jung. Zürich 1979, S. 254.)

Texte	Dok 025		
Themen:	Legitimitätsdiskurs, Abgrenzungen, Psychologische Schulen		
1927	Die Ambivalenz im Verhältnis von Behörden und Tiefenpsychologie zeigt sich besonders kontrastreich an Alfred Adler. Die von ihm geschaffenen Erziehungsberatungsstellen waren im Sinn der Behörden, 1924 wurde er zum Professor am Pädagogischen Institut der Stadt Wien, 1929 zum medizinischen Leider des Mariahilfer Ambulatorium. Doch am 15. Oktober 1927 zeigte ihn der Rechtsvertreter der Wirtschaftlichen Organisation der Ärzte in Wien an. Der Verdacht lautete, Adler halte im Rahmen des Internationalen Vereins für Individualpsychologie Prüfungen ab und stelle Diplome aus. Adler erklärte, solche Diplome seien nur für graduierte Ärzte des In- und Auslandes ausgestellt worden. Nichtärzte hätten andere Diplome erhalten. Das Verfahren wurde Ende Oktober 1928 eingestellt. Das juristische Intermezzo war vermutlich indirekt auch gegen Freud gerichtet. Bereits damals lautete der Vorwurf an akademischen gegenüber der Tiefenpsychologie, dass sie zu erfolgreich sei und zu viele Anhänger gewinne. (Peter Boller: Mit Psychologie die Welt verändern. Zürich 2007, S. 49.)	1979	Die Anklage gegen Adler weist eine Parallele zur Anzeige des Kantonsarztes vom 12. Dezember 1979 gegen Friedrich Liebling und dessen Mitarbeiterin Dr. med. Jutta Siegwart-Gensch wegen Widerhandlung gegen das Gesundheitsgesetz. Obwohl psychologische Beratung nach dem damaligen Recht nicht unter das Gesetz für medizinische Berufe fiel, also keine Bewilligungspflicht vorliegt, erging laute einer Zeitungsmeldung eine Verurteilung zu Höchstbusse (Tages-Anzeiger, 12. 2. 1982). Wegen Formfehlern (Fristversäumnisse) sei dieses Urteil jedoch nie rechtskräftig geworden. Ausserdem kam das Bundesgericht in vier nicht veröffentlichten Urteilen 1993 zum Schluss, dass "das bisherige Verbot der selbständigen, nichtärztlichen psychotherapeutischen Tätigkeit selber verfassungswidrig war". (Marianne Schuler: Die Zürcher Schule. Und der Kampf um Friedrich Lieblings Vermächtnis. Zürich 2019, S. 101.)
		Querverweis:	Dok 026, 081, 082

Iwan Bally gründet das Psychotechnische Institut Zürich, ab 1935 "Institut für angewandte Psychologie" mit dem Schwerpunkt Berufspsychologie – **024**: 1926, unter der Schirmherrschaft der Stiftung Pro Juventute gründet Alfred Siegfried das "Hilfswerk Kinder der Landstrasse". Bis 1976 stehen dieses Projekt für eine äusserst repressive und ausbeuterische Sozialpolitik, wie sie später Alice Miller unter dem Stichwort "Schwarze Pädagogik" beschreiben wird. Staatsräson und religiös grundierte Ordnungsvorstellungen waren dabei wirkungsmächtiger als reformpädagogische Ansätze. – **025**: 1927: Alfred Adler wird von der Wirtschaftlichen Organisation der Ärzte in Wien an-

Aus Dok 027 (Friedrich Glauser):

"Ich will es irgendwo nicht wahr haben, dass durch die Analyse etwas geändert ist, dass es mir nicht mehr gelingt, mit tiefgründiger Überzeugung eine Katastrophe zu inszenieren und dann befriedigt im Gefängnis oder im Irrenhaus die Hände in den Schoss zu legen und mich als Märtyrer zu fühlen. Das ist wohl auch der Grund für die sonderbare Spannung und Missstimmung, die nicht so recht weichen will. Denn eigentlich wäre ja jetzt eine Katastrophe fällig, aber 'es' will nicht mehr recht funktionieren. Und ich sehne mich trotzdem nach Witzwil oder nach Münsingen, nach Verantwortungslosigkeit, die sich hinter Ausruhebedürfnissen maskiert."

www.unionsverlag.com

(Max Müller: Erinnerungen. Erlebte Psychiatriegeschichte 1920-1960. Berlin 1982, S. 65.)

Aus Dok 034 (Ruth Cohn):

"Im Zentrum meines Lebens stand jedoch die Lehranalyse. Mein Analytiker, Medard Boss (→ Theaterstrasse 12), war jung und attraktiv. Ich lag auf der Couch, wie das bei der klassischen Analyse üblich ist. Er sass hinter mir, und während er zuhörte, redete ich über meine Angst vor den Nazis und vor dem kommenden Krieg, über meine Kinderzeit und über meinen Freund, mit dem mich eine ähnliche Herkunft verband. Auch von unserer Flüchtlingstätigkeit erzählte ich, die einen wichtigen Teil in unserem Leben einnahm.

Aber weder Antisemitismus noch Kriegsangst waren für den Analytiker verständlich. Er bezeichnete beides als 'Verdrängung'. Als exzellente Patientin – ich war unendlich abhängig von ihm – nahm ich seine Äusserungen wohl sehr ernst, und dies war mit ein Grund, weshalb ich den Antisemitismus in der Schweiz gar nicht so wahrnahm."

www.ruth-cohn-institute.org

(Ruth Cohn in: Brühlmann-Jecklin 2010, S. 26)

gezeigt. Vordergründig ging es um mutmassliche Diplome an Nichtärzte. Das Misstrauen gegen die Tiefenpsychologie war, dass sie zu erfolgreich war.. Das Verfahren wurde einstellt. Parallelen zu einem Prozess gegen Friedrich Liebling 1979. – **026**: 1926, In seiner Schrift "Zur Frage der Laienanalyse" erläutert Freud, weshalb kein Medizinstudium für Psychotherapie erforderlich sei. – **027**: 1929, Friedrich Glauser ist in psychoanalytischer Behandlung in der Klinik Münsterlingen bei Max Müller und stellt später Auswirkungen auf sein literarisches Schreiben fest. – **028**: 1921, Psychoanalyse in der Sowjetunion verbannt – **029**: *Entschweigen erwünscht* – **030**: 1932, 27 Erzie-

Texte	Dok 039
Themen:	Migration, Psychologie und Pädagogik
1938	Am 1. 8. 1938 gelangt Friedrich Liebling bei Beggingen über die grüne Grenze in die Schweiz. Seine Frau und die beiden Töchter kamen am 21. August nach. In der ersten Zeit sind sie zusammen mit anderen Flüchtlingen im Gasthof Kreuz unter-gebracht. Dort lernen die Brüder Leo und Josef Rattner und auch Herbert Horowitz Liebling ken-nen. Liebling hat sich früh um Kinder und Jugend-liche gekümmert, über Literatur oder Alltagssor-gen gesprochen. Bereits in Schaffhausen entstand so eine Art "Emigrantenjugendgruppe". Auf Foto-grafien aus jener Zeit sind zu sehen: Walter Schreier, Erich Stern, Harry Fröhlich, Henriette Holländer, Dora Holländer, Josef Rattner, Inge Jud (später Inge Fröhlich), Leo Rattner, Max Abelesz, Herbert Horowitz, Lilly Liebling.
Querverweise:	Dok 043, 111

Quelle: Herbert Horowitz

hungsberatungsstellen in Wien – **031**: 1932, C. G. Jung erhält den Literaturpreis der Stadt Zürich – **032**: 10. Mai 1933, Bücherverbren-nung in Deutschland, unter den geschmähten Autoren sind auch Freud, Adler, Leonhard Frank, Thomas Mann, Stefan Zweig – **033**: 1933-45, viele bedeutende Psychologen werden aus Deutschland ins Exil getrieben. Die Folgen des Kahlschlags in der Psychiatrie be-schreibt Max Müller. Andere wie Jung oder Jakob Klaesi biederten sich bei den Nationalsozialisten an. Ernst Rüdin tat sich als führender Eugeniker hervor. – **034**: 1933, Ruth Cohn emigriert nach Zürich. Lehr-analyse bei Medard Boss. – **035**: 1933, Karola Siegel, später "Ruth

Texte	Dok 041
Themen:	Migration
1942	Am 12. August 1942 wird Sabina Spielrein in Rostow am Don von deutschen Soldaten ermordet. In Berlin-Moabit wurde von der Deutschen Gesellschaft für Analytische Psychologie an der Thomasiusstrasse 2 eine Gedenktafel angebracht. In Zürich fehlt eine Gedenktafel. Auch erinnert keine Strasse und kein Platz an die tiefenpsychologische Pionierin. Siehe auch: – Elisabeth Marton: Ich hiess Sabina Spielrein (Film 2002) – Sabine Richebächer: Sabina Spielrein – eine fast grausame Liebe zur Wissenschaft. Zürich 2005.
Themen:	Migration

Aus Dok 044: Ein israelischer Psychiater hat den Test mit Adolf Eichmann durchgeführt und die Resultate, ohne Namensnennung, für eine Auswertung an Szond nach Zürich geschickt. Dieser stellt in seinem Gutachten vom 1. 4. 1961 eine ausgeprägte sadomasochistische Neigung fest, einen Hang, andere zu beschuldigen sowie eine "maximale Gefährlic keit für die Gesellschaft". – Dieses bisher unveröffentlichte Gutachten ist im Rahmen der Vorbereitungen für diese Ausstellung aufgetaucht. (Archiv Szondi-Institut.)

Westheimer" überlebt den Krieg in der Schweiz – **036**: 1934, Gustav Bally kritisiert in der NZZ Jungs ideelle Nähe zu den Nationalsozialisten. Gally wird Lehranalytiker u. a. von A. Mitscherlich und A. Uchtenhagen – **037**: 1934, Otto Fenichel äussert sich ironisch über die hohe Psychologendichte in Zürich – **038**: *Entschweigen erwünscht* – **039**: 1938: Friedrich Liebling gelangt über die grüne Grenze in die Schweiz. In Schaffhausen werden u. a. Herbert Horowitz, Josef und Leo Rattner Teil einer "Emigrantenjugendgruppe" sein – **040**: 1952, Rudolf Brun gerät in die Schusslinie, als er sich kri-tisch zur Rolle der USA im Koreakrieg äussert und tritt als Dozent der Universität Zürich zurück –

Aus Dok 048:

Medard Boss gibt zu bedenken, dass ein Grossteil der organischen Kranken und über 80% der Unfälle seien gemäss neuen Untersuchungen Folgen einer psychischen Unfallanfälligkeit. Insofern kämen Chirurgen und Internisten fast immer zu spät.

"Am anderen Pol der menschlichen Pathologie fängt auch die 'organische Grundlage' der sog. Grossen endogenen Psychosen zu wanken an. Der bisher bei den Schizophrenen für wahr und ursächlich gehaltene somatische Krankheitsprozess verliert in dem Masse an Glaubwürdigkeit, als die jüngsten Erfahrungen bedeutender, fortschrittlicher Kliniken, nicht zuletzt auch die der Heilanstalt Burghölzli in Zürich, eine wirkliche Heilung selbst schwerer und unzweideutiger Psychosen durch eine besondere Abart reiner psychoanalytischer Therapie immer weniger als völlig ausgeschlossen erscheinen lassen."

Zur Ausbildungssituation der Ärzte führt er aus:

"Noch sind z. B. an keiner einzigen medizinischen Fakultät in der Schweiz Vorlesungen und Kurse über Neurosenlehre und Neurosentherapie obligatorisch erklärt worden." und weiter unten führt er die selbstverständlichen Mindestanforderungen für jeden ernsthaften ärztlichen Psychoanalytiker aus: "In Deutschland und Amerika z.B. sehen diese nicht nur eine Lehranalyse von wenigstens 150 Stunden nebst mehreren konsequent durchgeführten Kontrollanalysen vor, sondern verlangen zusätzlich sechs bis zehn Semester Vorlesungs- und Seminarunterricht in den verschiedensten tiefenpsychologischen Sachgebieten."
(Medard Boss in: SÄZ 34/29, 17. Juli 1953, S. 272ff.)

041: 1942, Sabina Spielrein in Rostow am Don von deutschen Soldaten ermordet – **042**: 1944, Paul Parin, Goldy Parin-Matthey als Teil einer Ärztedelegation im Jugoslawischen Bürgerkrieg – **043**: 1945, Gesuch von Friedrich Liebling für eine Zeitschrift über Erziehungsfragen, von den Schweizer Behörden abgelehnt. – **044**: 1946, Leopold Szondi in Zürich – **045**: 1950, der erste Artikel in einer Schweizer Zeitung über Summerhill als zukunftsweisendes pädagogisches Konzept, anonym von Liebling und Rattner – **046**: 1951, Friedrich Liebling in Zürich – **047**: 1952, Praxiseröffnung von Paul Parin, Goldy Parin-Matthey, Fritz Morgenthaler – **048**: 1953, Artikelserie in der

Aus Dok 053:

Sie war keine Sozialreformerin, doch berührte sie mit ihrem Forschungsinteresse empfindliche Punkte der bürgerlichen Gesellschaft, was die Zensur auf den Plan ruft: Reni Mertens und Walter Marti gestalten im Auftrag des Senders „Freies Berlin" mit Aufnahmen von Marie Meierhofer den Film „Im Schatten des Wohlstandes", der am 9. Oktober 1962 auch am Schweizer Fernsehen gezeigt wird, mit anschliessender Diskussion. Stadtrat August Ziegler empört sich, dass in dem Film Zürich und die hiesigen Kindeheime in einem schlechten Licht gezeigt würden. Ziegler fordert, dass der Film

„,[...] mitsamt den Kopien sichergestellt werden muss und nicht mehr aufgeführt werden darf' und ‚dass der Film Frustration im Kindesalter ausschliesslich und allein in Fachkreisen aufgeführt werden darf und nicht für die weitere Öffentlichkeit Verwendung finden soll'. Marie Meierhofer ist von der Kritik betroffen und verteidigt in einem ausführlichen Schreiben die positive Rolle des Instituts gegenüber Heimen."

(Marco Hüttenmoser; Sabine Kleiner: Marie Meierhofer 1909-1998. Ein Leben im Dienst der Kinder. Baden 2009.)

Schweizerischen Ärztezeitung, Sorge vor Konkurrenz durch Nichtärzte – **049**: 1953, Alice Miller in Zürich, Lehranalyse bei Gertrud Boller-Schwing – **050**: 1955, Iris von Roten in Zürich verhaftet, die auf dem Weg zu ihrer Freundin in Analytikern Anna Huggler ist– **051**: 1956, im Film Oberstadtgass thematisiert Kurt Früh innerfamiliäre Konflikte hinter der bieder-bürgerlichen Fassade – **052**: 1956, mit Verspätung lässt die Universität Zürich Psychologie als Hauptfach zu – **053**: 1957, Marie Meierhofer gründet das "Institut für Psychohygiene im Kindesalter", ab 1978 Marie Meierhofer Institut. 1962 lässt Stadtrat August Ziegler eine TV-Dokumentation beschlagnahmen, die angeblich ein schlechtes

Aus Dok 067:

"Das abrupte Ende meines kurzen Gastspiels auf
der Feuilletonredaktion der 'NZZ' stellte den wohl
gravierendsten Bruch in meinem Berufsleben dar,
und ich verdanke es Freunden wie dem Journalis-
ten Hugo Leber und dem Schriftsteller Adolf
Muschg, dass ich ihn einigermassen unbeschadet
überstanden habe. Hugo Leber sorgte dafür, dass
ich am Radio über Jahre hinweg Wortsendungen
produzieren konnte und Adolf Muschg stellte die
Verbindung zu Marcel Reich-Ranicki her, der mich
fortan im Feuilleton der 'FAZ' als Rezensentin be-
schäftigte und später auch in die Jury der Inge-
borg-Bachmann-Wettbewerbe sowie in die Kritiker-
runde des 'Literarischen Quartetts' holte."

(Klara Obermüller: Spurensuche. Zürich 2016, S. 94)

Aus Dok 067:

"Ich muss nur drei Leute [...] einschüchtern, drei
Lehrer einschüchtern und ich weiss, dass tausend
Lehrer eine nicht unberechtigte Angst haben und
das Maul nicht aufmachen. Das funktioniert gross-
artig." ("Max Frisch, Erzähler", WDR 1987, Film)

Licht auf hiesige Erziehungsheime werfen. Ihre frühen Versuche mit
Kindertagesstätten muss sie 1962 aus finanziellen Gründen einstellen
– **054**: 1958, der Papst warnt im Hinblick auf den 13. Internationalen
Kongress für angewandte Psychologie vor einer Überbewertung des
Unterbewussten – **055**: 1958, die 18jährige Lina Zingg* verbrachte die
Nacht im Bett eines minderjährigen Burschen, gerät in die Mühlen der
Sozialbehörden und wird danach 53 Jahre lang bis 2011 unter Bedin-
gungen wie eine Haussklavin gehalten. Das erinnert an die Drogenlibe-
ralisierung und die Blindheit der Behörden für das Wohl von Kindern
von Suchtkranken ("Platzspitzbaby") – **056**: 1983, Elternnotruf Zürich

Aus Dok 070:

"Die meisten und vor allem die schwierigsten Konflikte in engen Lebensgemeinschaften entstehen vermutlich durch seelische Spannungen, die wir kaum oder gar nicht wahrnehmen und deren Ursachen für uns ebenso meist im Dunkeln liegen. In einer spannungsgeladenen Atmosphäre aber kann nichts Gutes gedeihen. Eltern, die starke unverarbeitete Konflikte mit sich herumtragen, sind innerlich ständig angespannt und erzeugen in ihrer Umgebung offene und verdeckte Spannungen und Ängste. Das Perfide daran ist, dass ich als Erzieher mit meiner inneren Gespanntheit und Unruhe – auch oder gerade, wenn ich sie äusserlich in 'Kontrolle' habe – vor allem besonders sensible Kinder zu gestörtem Verhalten unbewusst 'anstifte' und sie schliesslich noch dafür bestrafe. *Ein Erzieher, der seine Probleme nicht kennt oder verleugnet, wird damit zum Fallensteller für das Kind!*

(Hans-Ulrich Wintsch: Psychologische Gruppengespräche mit Eltern. In: Schule und Elternhaus, 44/3, 1974, S. 13)

Aus Dok 080:

"Wenn ich als Mediziner geisteswissenschaftliche Erkenntnisse einbezog, dann galt das als Opposition. Als ich während der Jugendunruhen 1980 versucht, die Position der jungen Menschen zu erläutern, dann wurde das in Kreisen der Universität und der Politik als oppositionelle Haltung gegenüber dem Staat interpretiert. Wenn ich mich gegen Forschungsprojekte wandte, die aus meiner Sicht den Subjektcharakter von Kindern und Patienten nicht ausreichend berücksichtigten, dann hiess es, ich würde Obstruktion machen. Meine Position mit der Dialogik im Sinn des nicht Einseitigseins wird von Instanzen, die sich im Besitz der Macht glauben, immer als Opposition etikettiert. So wie heute jeder politische Widerstand in vielen Ländern dem Terrorismus zugeschrieben wird."

Heinz Stefan Herzka: Dialogik: ein Ja zum Widerspruch. In: Angelika Schett: Was die Seele bewegt – Zürcher Psychoanalytiker im Gespräch. Zürich 2008, S. 158.

gegründet, ein niederschwelliges Angebot für pädagogische Hilfe – **057**: 1961, das Theaterstück "Andorra" von Max Frisch macht Verdrängungsmechanismen in vielschichtiger Weise sichtbar, auch durch das Weisseln der Mauern – **058**: 1963, Josef Rattners Schrift "Das Wesen der schizophrenen Reaktion" wird mit dem Hauptpreis der Universität Zürich ausgezeichnet – **059**: 1964, Zeitschrift "Psychologische Menschenkenntnis" erscheint, Herausgeber: Friedrich Liebling und Josef Rattner – **060**: 1965-1980, Medikamentenversuche mit Kindern und Jugendlichen in Münsterlingen unter ethisch und wissenschaftlich fragwürdigen Bedingungen – **061**: 1967, Martha Eicke-

Giuseppe Reichmuth: Zürich Eiszeit 1975

Spengler erkennt die Aussichtslosigkeit im etablierten Psychiatriebe-
trieb eine Doktorarbeit zu einem psychoanalytischen Thema zu ver-
fassen – **062**: 1969, Anschlag auf die Telefonzentrale Hottingen, wobei
auch die Praxis der Telefonüberwachung ans Licht kommt. Auch politisch linksstehende Ärzte sind im Visier. – **063**: 1968, das Zürcher Ma-
nifest ist ein Diskussionsforum als Reaktion auf die Polizeigewalt, das
über längere Zeit besteht. Auch psychologische Perspektiven waren
fester Bestandteil. – **064**: 1969, Militärkreise verteilen das Büchlein
"Zivilverteidigung" an alle Schweizer Haushalte. Alles Menschen-
freundliche sei verdächtig, lautet die Botschaft. – **065**: 1969/1970,

Aus Dok 096:

Paul Parin ist eine der seltenen Intellektuellen in Zürich, denen es gelingt, deutlich und kritisch zu gesellschaftlichen Fragen Stellung zu nehmen und dennoch Auszeichnungen zu erhalten. Allerdings finden sich vor allem zu den ausländischen Preisen genauere Angaben: zum Erich Fried-Preis 1992 und zum Sigmund Freud-Preis 1999. Der Literaturpreis der Stadt Zürich von 1991 war in Wirklichkeit eine "Ehrengabe" und der Literaturpreis des Kantons Zürich von 1991 ist eine Falschmeldung der NZZ und des Journal21. Auch dass Parins Nachlass nach dessen Tod 2009 nicht in Zürich bleibt, sondern an die Sigmund-Freud-Universität in Wien geht, bestätigt das schwache Interesse der Limmatstadt.

Szondi-Stiftung und Szondi-Institut gegründet, "Schicksalsanalyse" – **066**: 1971, Medard Boss und Gion Condrau gründen die schweizerische Gesellschaft für Daseinsanalyse. – **067**: 1971/72, Klara Obermüller von der Neuen Zürcher Zeitung entlassen, weil sie zwei Artikel von W. M. Diggelmann veröffentlicht hatte. Psychologischen Bücher bringen auch die Schattenseiten der bürgerlichen Gesellschaft, ob unter rechten oder linken Vorzeichen, zur Sprache, so auch bei Obermüller und Diggelmann. Letzterer bewegte sich wie auch Hugo Leber oder August E. Hohler zeitweise im Umfeld von Liebling. – **068**: 1973, Arno Plack und August Kaiser geben "Der Mythos vom Aggressionstrieb"

www.discogs.com/es/master/42687-Grauzone-Eisbær

heraus. Eine Replik auf Konrad Lorenz "Das sogenannte Böse", 1963, das biologistische Denkmuster autoritätfreundlich untermauerte – **069**: 1974, Friedrich Liebling gründet die Stiftung "Psychologische Lehr- und Beratungsstelle", u.a. für Erziehungs- und Eheberatung und psychologische Weiterbildung, späer als "Zürcher Schule für Psychotherapie", kurz "Zürcher Schule" (ZS) bekannt – **070**: 1974, das Mitteilungsblatt des Schulamtes Zürich "Schule und Elternhaus" erläutert die Vorteile psychologischer Gesprächsgruppen für Eltern. Der Verfasser H.-U. Wintsch schreibt: "Ein Erzieher, der seine Probleme nicht kennt oder verleugnet, wird damit zum Fallensteller für das Kind!"

4 Zitate aus Interviews: Hörstationen

Hörstation 01	Dok 120 [17:40], 121 [04:10]
Themen:	Carl Gustav Jung, Alfred Adler, Sigmund Freud, Drogen, Religion, Indien, USA, Sozialarbeit
Samuel Müri (1945)	Also wenn das jetzt passieren würde (Psychologie in der Gesellschaft verbreitet, Anm. PB), dann würde sicher das ökonomische Wachstum und die ökonomischen Entscheidungen zweimal überdacht werden, statt einfach vom Profitdenken her. [...] Weil dann würden sie auch spüren, dass sie irgendwo Angst haben und eine Verantwortung haben. S. Müri, Familientherapeut, Zürich und USA
John Hill (1945)	Unfortunately, Jung made some very inappropriate political and social statements when he was outlining the differrences between Arian and Jewish psychology in the 1930s. I think one accusation against Jung, which is probably the most poignant, concerns the burning of Freuds books in 1933. Jung never raised a protest. [...] Freud was his colleague. You know, he learned a lot from Freud. Why didn't he object? Why didn't he make a statement? John Hill, Psychoanalyst, Dublin and Zurich

Nicht Schuldzuweisungen sondern Hilfsangebote sind das Ziel. – **071**: *Entschweigen erwünscht* – **072**: ca. 1975, Fotografie: Friedrich Liebling unterhält sich mit einem Jungen – **073**: 1977, das Psychoanalytische Seminar Zürich (PSZ) spaltet sich von der Schweizerischen Gesellschaft für Psychoanalyse (SGP) und wird als erstes selbstverwaltetes Ausbildungsinstitut von der SGP anerkannt. Es entsteht eine sehr produktives Netzwerk, das sich in kulturelle Debatten einbringt und die psychoanalytische Forschung fördert. – **074**: 1977, Viktor Louis gründet das Alfred Adler Institut in Zürich. Bereits 1948 gründeten Mira Munkh-Eggenberger, Christoph Wolfensberger und Louis die

Hörstation 02	Dok 122 [12:32], 123 [16:35]
Themen:	Psychoanalytisches Seminar, 80er-Bewegung, Künstler, Psychotherapie und Medizin
Ingrid Feigl	Das ist eine «Never-ending-Story». [...] Ich glaube, die Psychoanalyse unterscheidet sich wirklich von anderen Weiterbildungen oder Ausbildungen in Therapierichtungen, wo man vielleicht an ein Institut geht und diese Weiterbildung macht und dann hat man sie abgeschlossen [...] [hat] dieses Papier und kann arbeiten. [...] In der Psychoanalyse braucht es die permanente Auseinandersetzung. In Kursen, in Gruppen... in Supervisionen. Das hört nicht auf! Ingrid Feigl, Psychoanalytikerin, Zürich
Olaf Knellessen	Ich glaube, ich habe von unseren Kindern wahnsinnig viel gelernt. Ich hoffe, dass sie auch von mir was haben. Da bin ich auch sicher. [...] das betrifft auch das Verhältnis zu den Analysanden, zu den Patienten: man unterschätzt es total, wieviel die Analytiker, die Therapeuten von ihren Patienten haben. Drum sage ich ja, ich finde es bis heute einen faszinierenden Job. [...] ich meine nicht nur die Geschichten. Die sind auch spannend. Und alles, was sich da so zeigt. Extrem spannend. ...da hat man so, so viel davon. [...] Und ich habe auch mal in einem Vortrag vor zwei Jahren in Berlin gesagt: eigentlich müsste man sich manchmal fragen: «Warum müssen wir denen eigentlich nichts zahlen?» Olaf Knellessen, Psychoanalytikerin, Zürich

Schweizerische Gesellschaft für Individualpsychologie. – **075**: 1979, Arno Gruen in Zürich – **076**: 1978, das Beratungsteam des Schweizerischen Beobachters ist angesichts der Not einer 16jährigen jungen Frau überfordert, eine angemessene Unterbringung scheint es nicht zu geben. Sie wird in die Strafanstalt Hindelbank eingewiesen. Wenn seit mindestens 60 Jahren Konzepte und Modelle vorliegen (August Aichhorn), erscheint der Wissensmangel Folge einer systematischen Ignoranz zu sein. – **077**: 1981, die "delegierte Psychotherapie" ermöglicht, dass Krankenkassen die Kosten von Psychotherapie unter ärztlicher Aufsicht als Pflichtleistung übernehmen – **078**: 1980, die seit 100

Hörstation 03	Dok 124 [23:25]
Themen:	Schicksalsanalyse / Leopold Szondi, Verhaltens-therapie, Aufnahmekriterien an psychologischen Instituten, Wirtschaft und Psychologie
Alois Altenweger	Das Anliegen von Szondi war […] was mir im persönlichen Unbewussten und im familiären Unbewussten alles drinsteckt an Gutem wie an Schlechtem – also das nennt er dann die «Ahnen-forderungen» sind das – wenn ich mir dessen bewusst werde, […] dann habe ich die Möglich-keit, etwas zurückzuweisen, das heisst, nicht etwas erfüllen müssen, das Ahnen schon vor mir gemacht hatten oder mit dem sie nicht zurande gekommen sind und was sie folglich weitergaben als Verer-bung, sondern ich kann dann sagen «Nein!». Also ich kann Selbstbestimmung betreiben und kann all das Positive, das ja auch in jeder Familie zuhauf vorhanden ist, für mich dann gezielt auslesen. Alois Altenweger, Schicksalsanalytiker, Zürich und Bern

Jahren wissenschaftlich beschriebene posttraumatische Belastungs-störung findet endlich Eingang ins "Diagnostic and Statistical Manual of Mental Disorders". – **079**: 1980, Fotografie von Gertrud Vogler "Wo-hin mit den Gefühlen?" Besonders die 80er Bewegung in Zürich the-matisierte die emotionalen Kälte. So auch der Song "Eisbär" von "Grauzone" (1981 Stefan Eicher). – **080**: 1980, der Psychiater und Hochschullehrer Heinz Stefan Herzka möchte die Beweggründe rebel-lierender Jugendlicher verstehen. Dass ihn politische und universitäre Kreise deswegen in die Nähe des Terrorismus rücken, zeigt den engen Spielraum. – **081**: 1982, Friedrich Liebling stirbt in Zürich. Die "Psy-

Hörstation 04	Dok 126 [27:54]
Themen:	Daseinsanalyse, Psychiatrie, Schizophrenie, Wirtschaft, Ludwig Binswanger, Medard Boss, Martin Heidegger, Alfred Adler, Phänomenologie, 'Normopathie'
Thomas Steiner	Was ich ein wenig schade finde bei den Psychologen, ist, dass sie eigentlich gern im Kämmerchen hocken, für sich sind und nicht rausgehen und sich zeigen. [...] was Psychopathen sind und was die in unserer Gesellschaft leisten, das ist eigentlich nicht bekannt. [...] Psychopathen, die in den Teppichetagen von grossen Konzernen funktionieren, die diesem Bild entsprechen. Früher meinte man, Psychopathen, das seien alles Schwerkriminelle und sind im Gefängnis und so. Aber Psychopathen sind heutzutage eigentlich sehr erfolgreiche Manager und Unternehmer. Und bringen sehr viel Leid, sei es im Privaten oder auch in einem Unternehmen, wo sie natürlich ohne irgendeine Empathieempfindung Leute kündigen, Köpfe rollen lassen. Aber: es ist erfolgreich. Thomas Steiner, Daseinsanalytiker, Zürich

chologische Lehr- und Beratungsstelle" ist mit neun Adressen im Telefonbuch vertreten. Politisch übte die Zürcher Schule Zurückhaltung, doch war sie als linke Gruppierung bekannt. Die gesellschaftliche Situation sah man in Wechselwirkung mit persönlichen und familiären Strukturen, weshalb man insbesondere staats-, religions- und autoritätskritische Fragen wälzte. In einem undurchsichtigen Hickhack wird mit dem Segen der Stiftungsaufsicht die Nachfolgeregelung übergangen. Es folgen Rücktritte im Stiftungsrat unter Protest. Eine Aufsichtsbeschwerde läuft ins Leere. – **082**: 1986, Annemarie Kaiser gründet den Verein zur Förderung der Psychologischen Menschenkenntnis

Hörstation 05	Dok 116 [21:10], 113 [09:30]
Themen:	Zürcher Schule / Liebling, Lernen, kulturelles Problem, Egoismus, Erziehung, Arbeitermitbestimmung, Gewerkschaften, Schüchternheit
Fritz Müller	1967, die Mitbestimmungsdiskussion war im Gang von den Gewerkschaften aus. [...] Und ich wollte dann ein Mitbestimmungsexperiment machen bei uns. Wir haben 1969 angefangen mit Beratungen (in der Fabrik, Anm. PB), das hat es vorher nicht gegeben bei uns. Also die verschiedensten aktuellen Fragen. [...] Wir haben angefangen mit unseren Leuten zu besprechen. [...] Und der Onkel, der Betriebsleiter war, [...] war ein Vorgesetzter alter Schule. [...] hat's dann eine Zeitlang geduldet, hat dann aber angefangen ganz offen dagegen Stimmung zu machen. [...] Dann habe ich mit Herrn Liebling darüber gesprochen. [...] – Und als er (der Onkel, Anm. PB) dann hier so aufbegehrt hat, sagte ich dann bloss zu ihm: „Wieviel Gewalt willst Du noch anwenden? Wieviel noch?" Da war fertig! [...] Aus! – Ja, er wisse schon, dass er auch Fehler gemacht hätte. – Und er hat sich dann zurückgezogen. Fritz Müller, Direktor, Löhningen SH
Emmi Bühler	'61 bin ich dazugekommen. Und dann dachte ich zuerst: da findest Du viel Material zum Schreiben. Und es hat eine ganze Weile gedauert, bis ich gemerkt habe, dass ich für meine [eigene] Entwicklung auch etwas holen kann. Emmi Bühler, Kommunistin, Journalistin, Zürich

(VPM). Nachdem sie zuvor mit rabiaten Methoden eine Fehlentwicklung einleitete, stellt sie sich nun als "Nachfolgerin" Lieblings dar. Inhaltlich betätigt sich ihr Umfeld in der Drogen- und HIV-Prävention und biedert sich in politisch rechten Kreisen an. Interne Kritiker werden kaltgestellt. Viele, die Liebling gekannt hatten, wenden sich ab. – **083**: 1986, Die Drogenszene hinter dem Zürcher Hauptbahnhof nimmt nie gesehene Ausmasse an ("needle park"). Die Einsicht, dass Repression keine Lösung ist, setzt sich durch. Die Not überfordert alle. – **084**: *Entschweigen erwünscht* – **085**: *Entschweigen erwünscht* – **086**: 1991, Gründung des Zürcher Psychologinnen- und Psychologenverbandes

Hörstation 06	Dok 114 [42:36]
Themen:	Zürcher Schule / Liebling / Transaktionsanalyse, Anarchie, Trotzki, Zürcher Manifest, 68er-Bewegung, Prügelstrafe, soziales Engagement, Militär, Gewerkschaften, Politik, missachtete Nachfolgeregelung, Entsetzen über VPM
Peter Fuchs und Elisabeth Aeberli	...das ist ja schon ein unglaublicher Anspruch, den die Anarchie stellt an den Menschen. Sie sagt zwar: „Du bist ja von Natur aus für das eigentlich gemacht." – Das Gleichheitsprinzip. Aber wenn man das Leben da anschaut, das ist ja alles dagegen natürlich. Oder so, wie jetzt eine [die] Gesellschaft organisiert ist, man ist ja ständig im Widerspruch. Also das Anarchie leben – ich weiss nicht, wie man das macht. Peter Fuchs, Jurist, Lehrer, ehem. Stiftungsrat ...mein Mann war ja „Typographia"–Präsident. Und da gibt es ja auch Lehrlinge und diese Lehrlinge hatte ich am Samstagmorgen, so fünf Lehrlinge mit ihren Problemen. Das war meine Gruppe. Und diese sollten eben ins Militär und so fing es an. [...] Das hat 30 Jahre lang dazu geführt, dass ich die Gutachten geschrieben habe, dass sie die Rekrutenschule nicht machen müssen. Elisabeth Aeberli, Psychologin, Zürich

ZüPP. Die institutionelle Professionalisierung geht einher mit einer Anpassung, die gesellschaftskritische Fragen zusehends ausblendet. – **087**: 1991, Am Ende des Kalten Krieges wird mit der "Fichenaffäre" das Ausmass der politischen Überwachung in der Schweiz bekannt. Doch die Aufarbeitung geschieht nur gegen hartnäckige politische Widerstände und bleibt lückenhaft. – **088**: 1992, Paul Parin erhält den Erich Fried-Preis. – **089**: 1992, der VPM veröffentlicht zum 10. Todestages von Liebling Texte von ihm und richtet eine Ausstellung aus. Der Katalog dazu und die Aufsatzpublikation enthalten gefälschte Dokumente im Dienst des eigenen Geschichtsbildes. – **090**: 1993: Eric Ber-

Hörstation 07	Dok 115 [22:50]
Themen:	Zürcher Schule / Liebling, Systemtheorie, Anarchie, Unternehmertum, gelöschte Erinnerungen, Projektionen
Urs Tobler*	...das ist natürlich auch ein 'pick up place' gewesen, wie man heute sagen würde, neudeutsch... (lacht) [...] Es waren alles junge Leute, interessante Leute, offene Leute, und es war überhaupt nicht sektenhaft gewesen, sondern das Gegenteil, es war sehr offen. Urs Tobler*, Unternehmer, Zürich

Hörstation 08	Dok 117 [24:30]
Themen:	Zürcher Schule / Liebling, Kontaktparty, Zürcher Manifest, 1968, Teufelsaustreiberprozess, Religion und Gewalt, Kölner Gruppe
Felix Notter*	Aber ich meine, das ist natürlich auch eine unglaubliche Provokation und alle Psychiater wollten sich ein Stück des Kuchens abschneiden. [...] Nein, das war irgendwie zu gross. Das war eine Einigkeit, dass man das kaputt machen muss. Felix Notter, Ingenieur, ETH-Dozent, Zürich

ne Institut Zürich – **091**: 1993, Die Schweizer Charta für Psychotherapie erscheint und wird von 27 Weiterbildungsinstitutionen unterzeichnet – **092**: 1994, Der Psychiater Jürg Willi richtet eine ironische Ausstellung zu einem phantastischen Wunderheiler "Professor Pilzbarth" aus, was wohl wohl das Bedürfnis nach Abgrenzung in Psychiatriekreisen und eine gesellschaftliche Stimmung widerspiegelt, aber kaum Vorurteile abbaut. – **093**: 1995, Der Versuch, die Fehlentwicklung nach Lieblings Tod mit juristischen Mitteln zu korrigieren, enden ohne den erwünschten Erfolg. – **094**: 1997, Lacan-Seminar Zürich gegründet – **095**: 1998, Klaus Grawe-Institut geründet – **096**: 1997, Paul Parin er-

Hörstation 09	Dok 111 [17:10], 118 [18:40]
Themen:	Zürcher Schule / Liebling, Literatur, Drogensucht, Emigrantenjugendgruppe, Sozialarbeit, Kommunismus, Gefühl und Verstand, Gruppendynamik, Elternberatung, Unfreiheit im VPM, Weshalb das Gymnasium?
Herbert und Heidi Horowitz	Aber gespürt hat man, dass da jemand ist, der einem gut will. Mit der Zeit sassen die Jungen bei ihm und diskutierten mit ihm. [...] Aber aus dem heraus ist eigentlich eine Emigrantenjugendgruppe gewachsen. (Bereits um 1940 in Schaffhausen, Anm. PB) Herbert Horowitz, Zürich Ein bleibendes Erlebnis war, wie Markus (ein Gehörloser, der selbständiger wird, Anm. PB) kam und sagte, er gehe in die Ferien. Wohin? Nach Mallorca. Frau H. sagte: „Da brauchst Du doch einen Pass!" Darauf nestelte Markus an seiner Jackentasche, zog etwas heraus und schwenkte es: „Habe ich schon!" Er sei richtig aufgeblüht. Schliesslich wurde er Hilfsgärtner beim Friedhof. Er wurde zum Behinderten gemacht, weil seine Eltern nichts wussten. Heidi Horowitz, Zürich
Linde Weber	Er sagte, zum Beispiel in Wien [...] nach der Russischen Revolution hatte er Freunde, die nach Russland gingen, die mithelfen wollten dort am Aufbau [...]. Und die sind zurückgekommen und er hat erlebt, dass es solche hatte, die sich umbrachten, dass sie nicht sagen müssen, wie schlimm es ist. Dieses Zwie[spältige], das hat mich immer fasziniert, wie er das von verschiedenen Seiten angeschaut hat. Linde Weber, Zürich

hält den Sigmund Freud-Preis – **097**: 2016, Sacha Batthyany beschreibt in "Was hat das mit mir zu tun?", ähnlich wie Fritz Zorn in "Mars" (1975), was unter der brüchigen Oberfläche einer äusserlich ganz normalen Familie lauert. Die Migrationsgeschichte und ein NS-Verbrechen sind Themen, die seit den 90er Jahren in der Luft liegen, auch wenn sich die Schweizer Politik damit bis in die Gegenwart schwertut damit. – **098**: 2004, Gründung der International School for Analytical Psychology (ISAP) Zürich als Abspaltung vom Jung Institut. – **099**: 2004, Umbau des Werdhochhauses in Zürich-Wiedikon. Die Künstlerin Trix Wetter gestaltet die Beschriftung der grossen Fenster

Hörstation 10	Dok 112 [29:50]
Themen	Zürcher Schule / Liebling / Transaktionsanalyse, Israel, Konflikt mit Eltern, Verstand und Gefühl, Journalismus, Gruppendynamik, Kritik an Lieblings Männer-/Frauenbild
Vera Schneider*	...jeder konnte etwas sagen... Niemand wurde kritisiert. (Lacht begeistert.) [...] ich habe wahrscheinlich schon beim zweiten Mal [...] mich eingemischt [...] und dann haben die das alles total begrüsst, was ich da gesagt habe. [...] auf jeden Fall hatte ich sofort das Gefühl: „Au, jetzt habe ich wieder einen Ort gefunden!" Vera Schneider*, Psychotherapeutin, Zürich

fläche der Kantine u.a. mit einem Freud-Zitat. Es handelt sich um einen inoffiziellen und unbeabsichtigten Erinnerungsort, ähnlich wie das Kafi Freud (2017). Strassen oder Plätze, die Namen von Psychologen tragen, gibt es in Zürich fast keine. Eine Ausnahme bilden zwei Feldwege in Zürich-Fluntern, benannt nach Marie Meierhof und Leopold Szondi. Das offizielle Desinteresse zeigt sich auch daran, dass Parins Nachlass und Arbeitszimmer nach Wien ging, als hätte Psychologie mit Zürich nichts zu tun. – **100**: *Entschweigen erwünscht* – **101**: 2016, Die Pädagogische Hochschule nimmt lieber Lehrerkandidaten ohne psychologische Vorbildung auf. – **102**: 2017, Kafi Freud

5 Menschenbilder und ihre Funktion

Der Text befasst sich mit den Menschenbildern, die sich im wissenschaftlichen Kontext vor allem seit der Tiefenpsychologie von den Forderungen der Religion und autoritären Konzepten zu lösen begannen. Dass humanistische Perspektiven nicht oder nur sehr selektiv Teil eines gesellschaftlichen Konsenses werden, liegt kaum am Umstand, dass die neuen Erkenntnisse umstritten wären, sondern oft an ausserwissenschaftlichen Interessen, die Denkblockaden zementieren, so die zentrale These.

Die für das Menschenbild grundlegende Frage, ob der Mensch einen freien Willen besitzt oder nicht, hatte bereits Martin Luther und Erasmus von Rotterdam umgetrieben. Nachhaltig erschütterte Sigmund Freud mit seiner Beschreibung des Unbewussten die Selbstgewissheit des Menschen, was die Pädagogik und die Gesellschaft des 20. Jahrhunderts beeinflusste, zugleich gab es jedoch starke Gegenreaktionen. Heute setzt sich in den Sozialwissenschaften bis zur Neurologie immer mehr das Konzept einer ausgeprägten sozialen Natur des Menschen durch. Damit können Menschen ihr Leben friedfertig und in einer für traditionelle Begriffe schwer vorstellbaren Form von Freiheit organisieren.[1] Dass andererseits vor allem in der öffentlichen Meinung alte Narrative weiterleben, die Kontrolle und Normen hochhalten, ist oft ausserwissenschaftlichen Gründen geschuldet.

1. Ist der Mensch dem Menschen ein «Wolf», wie Thomas Hobbes 1657 (bzw. zuvor der römische Dichter Plautus) behauptete? Oder ist der Mensch ein soziales Wesen (Aristoteles: 'zoon

politikon'), das aus sich selbst heraus gut ist, wie eine Stelle bei Goethe nahelegte? *«Wenn wir [...] die Menschen nur nehmen, wie sie sind, so machen wir sie schlechter; wenn wir sie behandeln, als wären sie, was sie sein sollten, so bringen wir sie dahin, wohin sie zu bringen sind.»*[2]

Ohne ein Denken in den Kategorien von Sünde, Schuld und Strafe kommen Theologen und Juristen (bzw. die Krimi-Serie «Tatort») in der Regel nicht weit. Erst das Zeitalter der Aufklärung rehabilitierte einerseits die menschlichen Leidenschaften und Sinne (Sensualismus)[3] und 'entdeckte' oder 'erfand' andererseits die Kindheit. Man beobachtete, dass der Mensch seinen Charakter in einem Prozesse des Werdens erwirbt, die Umstände, denen er in jungen Jahren ausgesetzt ist, prägen einen Menschen (Rousseau, Fröbel, das Beispiel Kaspar Hauser etc.). Als Charles Darwin 1859 mit seiner Evolutionstheorie und dem Mechanismus der «natürlichen Selektion» eine wissenschaftliche Erklärung zur Abstammung des Menschen jenseits religiöser Deutungen vorlegte, schien seine Lehre die Macht des Stärkeren und das Konkurrenzprinzip auf allen Gebieten des Lebens, insbesondere in der Wirtschaft oder im zwischenstaatlichen Handeln zu rechtfertigen («Sozialdarwinismus»). Schleppender verbreitete sich die Erkenntnis, dass nebst dem Wettbewerb das vom russischen Naturforscher Peter Kropotkin beschriebene Verhaltensmuster der "Gegenseitigen Hilfe" (1902) mindestens so bedeutend ist.[4]

Alfred Adler vermutete 1908 die Existenz eines Aggressionstriebs. Dieses Konzept, das im 20. Jahrhundert in der Verhaltensforschung (Konrad Lorenz) noch eine gewisse Rolle spielen sollte, übernahm Freud erst zwei Jahrzehnte nach Adler, ersetzte es jedoch später durch den Todestrieb. Adler war inzwischen von der Auffassung eines angeborenen Aggressionstriebes abgerückt und erklärte aggressive Handlungen im Rahmen des «Strebens nach Überwindung» bzw. als eine Form von unterentwickeltem Gemeinschaftsgefühl.[5] Diese «revolutionäre» Beobachtung kommt einer «Erkenntnisschwelle» für eine neue Sicht auf den Menschen im Konflikt mit sozialen Normen gleich. Denn so offensichtlich Konflikte, Gewalt, Zwietracht Tatsachen sind, liegen die Ursachen dafür womöglich anderswo als zunächst vermutet. Ähnlich wie bei der Kopernikanischen Wende die naheliegende Annahme, wonach sich die Sonne um die Erde dreht, einer vertieften Analyse nicht standhält und der Erkenntnis, dass sich die Erde um die Sonne dreht, weichen muss, verhält es sich offenbar mit der menschlichen Aggression. Wenn aber unser Menschenbild eine neue Grundlage benötigt, so auch unsere pädagogischen und präventiven Konzepte zur Verhinderung von Gewalt. Es hat weitreichende Folgen, ob wir uns von der Vorstellung leiten lassen, wonach das Übel im Menschen selbst wurzelt, sodass er dieses unterdrücken, verbergen, überlisten muss, oder ob wir davon ausgehen, dass er im Grunde seines Wesens gut sei. Ist letzteres der Fall, so brauchen Betroffene Ermutigung, Selbstvertrauen, Selbstachtung und man kann versuchen, ihnen eine Brücke zu bauen, sodass sie auf gesunde, sozial verträgliche Art zur Geltung kommen. Psychologische Fachkreise haben sich grösstenteils Adlers Sichtweise angeschlossen[6] und psychotherapeutische Ansätze setzen je länger desto weniger auf Wertungen, sondern bemühen sich darum das Subjekt und seine Autonomie zu stärken, was nur mit einem positiven Menschenbild möglich ist (Eric Berne, Steve De Shazer, Carl R. Rogers, Miller und Rollnick u.a.). Ferner gibt es eine Reihe von Ansätzen, die sich nicht auf ein bestimmtes Menschenbild festlegen. So verstand beispielsweise C. G. Jung Mystik, Symbole und Religion als etwas Gegebenes, ein menschliches Bedürfnis, das er nicht in einer Weise wie Freud grundsätzlich anzweifelte.[7] Vielen Richtungen gemeinsam ist, dass sie dem Hilfesuchenden dabei zu helfen versuchen, eine Sprache oder Bilder für seine Schwierigkeiten und Hoffnungen zu finden.

Die Zeit der Diktaturen, des Terrors und der Kriege in Europa bedeutete für viele jüdische Psychologen und kritische Forscher Not, Verfolgung, Tod. Auch ihre Forschungsansätze gerieten in Vergessenheit. Ebenso fehlte der Nachwuchs.[8] – Schliesslich versuchten Forscher in einer Reihe von psychologischen Experimenten nach 1945 zu verstehen, unter welchen Bedingungen Menschen zu Grausamkeiten fähig sind, und die nahelegten, dass unter der dünnen – freundlichen – Firniss der Zivilisation asoziale und rücksichtslose Züge zum Vorschein kommen, gewissermassen das «wahre Gesicht» des Menschen («Fassadentheorie»[9]). Doch inzwischen sind die Archive mit den Unterlagen dieser Versuche zugänglich und Forscher haben mit Beteiligten von damals gesprochen. Was herauskam, war, dass die Autoren sowohl die reale Vorlage zu Goldings Roman «Herr der Fliegen», wie auch das Stanford Prison-Experiment wie auch das Experiment von Stanley Milgram so zurechtgebogen hatten, dass sie ihre negativen Erwartungen bestätigen konnten. In

Wirklichkeit hatten sich die Menschen in allen Fällen harmlos, friedlich, sozial erwiesen.[10] Doch die Autoren konnten ihre «Resultate» problemlos verbreiten, sie erhielten akademische Anerkennung. Philip Zimbardo (Stanford Prison-Experiment) etwa fand über 40 Jahre lang sehr viel Aufmerksamkeit und wurde sogar Präsident der American Psychological Association.[11] – Dass auch der «Architekt der Apartheid» Hendrik Frensch Verwoerd Hochschullehrer für Psychologie und Soziologe war[12], wie auch ein slowenischer Autor, der vorübergehend trübste nationalistische Theorien von sich gab[13], muss an dieser Stelle nicht verwundern. Die Erklärung für diese Verirrung ist weniger die Psychologie selbst, sondern der Umstand, dass Macht korrumpiert.[14] Dass die Menschen, wenn man sie in Ruhe lässt, sich als Gruppe friedlich organisieren und zum Guten neigen, dass sie selbst in den düstersten Kapiteln und Zwangslagen Spuren ihrer sozialen Natur zeigen, davon kann man sich immer wieder überzeugen.[15]

2. In der Erziehungstheorie herrschte lange Zeit die Ausrichtung auf den Gehorsam, das «Funktionieren» vor, entsprechend staatspolitischen und religiösen Interessen. Der Philosoph Max Stirner war mit seinem prophetischen Wort *«[…] besser ein ungezogenes als ein altkluges Kind, besser ein widerwilliger als ein zu allem williger Mensch»*[16] (1844) seiner Zeit weit voraus. Für die Zeitgenossen bildete die Unterordnung des Menschen in fremdbestimmte Zusammenhänge und Ordnungen die Leitlinie der Erziehung. Tragisch-berühmtes Beispiel dafür war Moritz Schrebers Schrift «Kallipädie oder Erziehung zur Schönheit»

(1858)[17], die ebenso ein Bestseller der Erziehungsliteratur wurde wie später Johanna Haarers «Die deutsche Mutter und ihr erstes Kind» (1934), unter dem Titel «Die Mutter und ihr erstes Kind» ein verdächtig langer Bestseller (bis 1987).[18] Alfred Adlers individual-psychologische Erziehungsberatungsstellen im «Roten Wien»[19], August Aichhorns neuartiges Resozialisierungsprojekt für straf-fällig gewordene Jugendliche in Oberhollabrunn (das «positive Kinderheim») oder die Reformpädagogik von Ellen Key bis Alexander Sutherland Neill sind aufgrund einseitiger Rezeptions-gewohnheiten immer wieder aus dem Blick geraten. In der Schweiz wiesen Friedrich Liebling und Josef Rattner wohl als erste auf Neills pädagogisches Beispiel hin. *«[Das Beispiel Sum-merhill] zeigt uns, dass man junge Menschen weder in grober noch in subtiler Form zu dressieren braucht. Ein halbes Jahrhun-dert Tiefenpsychologie erbrachte uns den Beweis, dass die massenhaft verbreiteten seelischen Störungen, der inneren Un-freiheit und Gehemmtheit des 'normalen' Durchschnittsmen-schen und auch eines grossen Teiles der Kriminalität in Erleb-nissen der Kindheit liegen.»*[20] Wie bei anderen Neuerungen weicht manchmal die anfängliche Begeisterung für die freiere Erziehung der späteren Ernüchterung: manche, die laut dafür werben, haben wenig davon verstanden. Eine Kostprobe aus einer populären Zusammenstellung von Erziehungsepisoden: *«Einmal brachte eine Frau ihr siebenjähriges Mädchen zu mir. 'Mr. Neill', sagte sie, 'ich habe jede Zeile gelesen, die Sie ge-schrieben haben. Und noch bevor Daphne zur Welt kam, hatte ich schon beschlossen, sie ganz nach Ihren Prinzipien zu er-ziehen.' – Ich warf einen Blick auf Daphne, die mit ihren schwe-*

ren Schuhen auf meinem Konzertflügel stand. Sie machte einen Sprung auf das Sofa und stiess beinahe die Sprungfedern durch. 'Sehen Sie, wie natürlich sie ist', sagte die Mutter. 'Das Neill'sche Kind!' Ich fürchte, ich bin rot geworden.»[21] Dass Kritiker solche Missverständnisse gerne als Beleg dafür nehmen, dass das Konzept dahinter irrig sei, ist verständlich. Eine genauere Untersuchung würde allerdings ans Licht bringen, dass die neuen Grundlagen in Psychologie oder Pädagogik noch gar nicht wirklich unter die Oberfläche gedrungen sind. Ebenso wenig stehen der laissez-faire-Stil oder «pädophile» Übergriffe für eine freiheitliche Erziehung. Im Gegenteil erfordert die neue Art Kinder und Jugendliche zu begleiten viel Raum für Analyse und kritische Selbstbetrachtung – «persönliche Reife» – und führt zu einer grösseren Selbstverantwortung und Mündigkeit, das heisst Verzicht auf Strafe, die Beziehungsgestaltung mit grösstmöglichem gegenseitigem Respekt und Würde.

Der Übergang zu einem neuen Menschenbild mag rational schnell gelingen, im gelebten Gefühl, das in unbewussten Mustern verankert ist, benötigt die Umstellung jedoch viel Zeit, eine «longue durée». Gerade weil es sich um ein äusserst anspruchsvolles Projekt handelt und die neue Sicht auf den Menschen im frühen 20. Jahrhundert durch martialisches Getöse überschattet, sich nicht ungestört entfalten konnte, kam der Nachruf verfrüht. Am Beispiel der mit den neuen Erziehungskonzepten zusammenhängenden Lebensreformbewegung warnt der Philosoph Peter Sloterdijk vor dem Fehlschluss, diese für eine «sektiererische Schrulle» zu halten. In Wirklichkeit handle es sich um das Renaissanceprogramm selbst, das aus der (unwirksamen) bürgerlichen Kunstgeschichte im wirklichen Leben zur Geltung kommen sollte.[22] Ist es möglich zu verhindern oder zu verzögern, dass ein zeitgemässes Menschenbild, ein aufrichtigeres Lebensprogramm sich massenwirksam durchsetzt? Die Autoren Carel van Schaik und Kai Michel weisen mit dem auf William Ogburn (1922) zurückgehenden Begriff «cultural lag» auf das Phänomen von Verhaltensformen hin, die zwar ihren unmittelbaren Sinn nicht mehr erfüllen und dennoch lange Zeit weiterbestehen.[23] Nicht die neuen psychologischen oder pädagogischen Sichtweisen entfalteten im 20. Jahrhundert eine Breitenwirkung, sondern immer wieder die alten Denkmuster und Machtstrukturen.[24] Erst nach einem Tauwetter gerieten um 1968 auch psychologische und pädagogische Autoren ins Blickfeld, standen für den Aufbruch in eine hoffnungsvollere Zukunft, stammten aber vom Beginn des 20. Jahrhunderts. Mögen psychologische Ansätze in erster Linie beim Einzelmenschen ansetzen, so ist doch denkbar, dass, wenn eine kritische Masse erreicht ist, wenn die Zahl der selbstbestimmten Individuen gross genug ist, ein Kippmoment einsetzt, sich eine Gesellschaft in zentralen Fragen neu organisiert.[25] Möglich, dass genau dies wieder eine Angst auslöst, bei den Regierenden wie auch bei den Regierten – Erich Fromm, der im Übrigen ein Vorwort für Neills Bestseller von 1965 verfasst hatte, sprach bereits 1941 von der «Furcht vor der Freiheit»[26] –, die diese neue Entwicklung verhindere. Damit kommt eine gegenteilige Sichtweise ins Spiel: die Annahme eines Aggressionstriebs beim Menschen ist nicht nur verfehlt, es ist laut Fromm eher eine übertriebene

Selbstkontrolle, die das zwischenmenschliche Zusammenleben sabotiert.

3. Weshalb aber tut sich die Gegenwart so schwer, die soziale Natur des Menschen anzuerkennen? Von den verschiedenen möglichen Gründen sind drei besonders interessant: zum einen ist es die Langlebigkeit religiöser Vorurteile, auch wenn diese schon öfters (verfrüht) für tot erklärt wurden; zum anderen ideologischer Abwehrdispositive, die nach dem Kalten Krieg fast nahtlos in eine neoliberale Erzählung mündeten; drittens schliesslich, verschränkt mit den anderen beiden «Filtern», eine Eigenlogik der Medien, die einerseits einem verschärften Wettbewerb ausgesetzt sind, den sie andererseits befeuern helfen.

Religiöse Denkhemmung: Zwar hatte Nietzsche schon am Ende des 19. Jahrhunderts Gott für tot erklärt und die Anzahl Kirchenmitglieder schrumpft in der westlichen Gesellschaft kontinuierlich, die religiöse Indifferenz nimmt zu, doch im Gegenzug ist der Einfluss der Kirchen auf organisatorischer Ebene ausserordentlich präsent (in Deutschland etwa im Gesundheitswesen und in sozialen Berufen,[27] länderübergreifend in der Journalistenausbildung[28]). Von der Rücksicht gegenüber religiösen Gefühlen zu einer Vermischung von Religion und Politik ist es oft nur ein kleiner Schritt.[29] Möglicherweise erklärt sich vor diesem Hintergrund der Befund Michael Hampes, wonach die Sozialwissenschaften seit der «pragmatischen Wende» ihren kritischen Anspruch aufgegeben hätten, und «dass [die Philosophie] kaum noch einen Ort für das Nachdenken über das menschliche Leben bietet, sondern vor allem akademische Karriereprogramme.»[30] Dies geht einher mit einer Überhöhung moralischer Codes, mit lautstarker Empörungsbereitschaft zum Preis rationaler Analyse.[31] Dass religiöse Vielfalt zunimmt, jedoch religionskritische, säkulare Perspektiven unter Rechtfertigungsdruck geraten, scheint System zu haben.[32] Dass sich unter diesen Umständen ein neues, rationales Menschenbild nur zaghaft verbreitet, liegt auf der Hand.

Das Erbe des Kalten Krieges: Nur schwer lässt sich übersehen, dass im Kalten Krieg der ideologische Kampf gegen den Kommunismus mitunter wahnhafte Züge angenommen hatte, der phasenweise an die Inquisition erinnerte.[33] Auf welches Menschenbild auch die Schweizer Behörden die Bevölkerung einschworen, verrät ein Zitat aus jenem Büchlein, das 1969 in jedem Briefkasten lag: *«Freitagabend fand im vollbesetzten Saal des Restaurant Eintracht die Gründungsversammlung der 'Fortschrittlichen Friedenspartei' (FFP) statt. Als Ziele wurden, neben der Arbeit für den Weltfrieden, im besonderen Bekämpfung sozialer Not und Förderung der Intellektuellen und Künstler genannt. Der grösste Teil der Besucher durchschaute aber die Absichten: Unter dem Vorwand der Beseitigung tatsächlich bestehender Mängel sollte die Unterminierung der freien Willensbildung im Staate mit ausländischer Hilfe angestrebt werden.»*[34] In einem Ton, in dem man sonst vor «pädophilen» Tätern warnt, der ein Kind mit Süssigkeiten anzulocken sucht, mahnt hier eine Behörde erwachsene Menschen, wachsam zu sein gegenüber ideologischen Verführern. Nebst Listen für einen Notvorrat und Liedern um angesichts menschenfreundlicher Ideen standzuhalten, leuchtet als Botschaft immer wieder auf: ein positives Menschenbild ist das Kennzeichen der Täuschung aus dem sozialistischen Lager, realistisch ist, wer misstrauisch bleibt. Stimmig daher auch die Überschrift «Der Feind will Parteigänger gewinnen – es gelingt ihm nicht». Auch wenn das Büchlein Proteste auslöste, so bedeutete der behördliche Absender doch einen offiziellen Anstrich und war nicht nur für die Schweiz typisch. Laut Edward Said hat diese ideologische Aufladung die ganze Wissenschaftsszene nachhaltig beeinträchtigt.[35] Was isoliert betrachtet anekdotisch erscheinen mag, hat eine tragisch-ernste Seite: die systematische Diffamierung von positiven Menschenbildern. Verspottung, Ironisierung,[36] Verächtlichmachung und Verhetzung sind unterschiedliche Nuancen in einem Spektrum der Abwehr, die später in Wortschöpfungen wie «Gutmensch» oder «Scheininvalide» erneut auftauchen. Laut Klaus Theweleit ist die Ideologie, die Rede vom Vaterland, von der Nation, von der arischen Überlegenheit oder aber das Bedrohungsgefühl angesichts von Fremden lediglich eine Kulisse, die den Blick auf eine versehrte Gefühlswelt verdeckt, eine Sehnsucht nach «Körperganzheit».[37] Ein anderer Aspekt ist, wie bereits angedeutet, dass Ängste (z. B. durch Verknappung von Arbeit) und Isolierung nicht nur politisch, sondern auch wirtschaftlich eine Funktion haben.[38] Zum «Burgfrieden» gehört, dass man angesichts einer imaginierten äusseren Gefahr an den Zusammenhalt der Gesamtbevölkerung appelliert, die so auch dem Abbau des Sozialstaates eher zustimmt. Nachdem in der Folge des Sputnik-Schocks 1957 die westlichen Staaten erhebliche Summen in das Bildungswesen und in soziale Sicherheit investiert hatten, war es nach dem Zusammenbruch des Staatssozialismus möglich (z.B. auf Wunsch aus Wirtschaftskreisen), diesen Ausbau wieder rückgängig zu machen.[39] Dass in allen Ländern besonders die populistischen Parteien die folkloristische Bühne bespielen und gleichzeitig eine rücksichtslose neoliberale Politik durchsetzen, zeigt, dass sie mit der (kostenlosen) Solidarität der Bevölkerung rechnen und diesen menschlichen Impuls zugleich missbrauchen. Ein Weg, um die Gesellschaft mit den Regeln des rücksichtslosen Wettbewerbs vertraut zu machen, war die Einbettung in angeblich harmlose Unterhaltung und Spiele, wie «Big Brother» oder «Dschungelcamp» ab den 90er Jahren.[40]

Begreift man geplante Gewaltexzesse wie Krieg als kollektiven Wahn, dem sich der Einzelne unter Umständen entziehen kann, dem er also nicht hilflos ausgeliefert ist, so eröffnet dies andere Möglichkeiten in der Konfliktbewältigung und -vermeidung und legt ausserdem den Blick frei auf die Interessen jener Kräfte, die die Eskalation herbeiführen. Möglicherweise erfüllt die stets erneut aufgewärmte Erzählung von der gewaltsamen Natur des Menschen oder die Verkürzung, wonach Friede nur für moralisch-frömmlerisch gestimmte Gemüter realistisch erscheint, nur die Funktion, den Blick auf die nüchternen wissenschaftlichen Erkenntnisse zu trüben.

Die Rolle der Medien: Entgegen dem eigenen Selbstverständnis der Medien, die «Wachhunde der Demokratie» zu sein, führt ihre enge Einbettung im politischen und wirtschaftlichen System dazu, dass sie teilweise unkritisch die Sichtweise der Mächtigen übernehmen. Ausnahmen bestätigen die Regeln.[41] Seit Gewinnmaximierung als Folge der neoliberalen Programme auch Sparrunden und Deregulierungen mit sich bringen, ist der herkömmliche Journalismus unter grossen Druck geraten. Ein verschärfter Wettbewerb und die Privatisierung vieler Kanäle führte seit den 1990er Jahren zu einer Auffächerung und machte Qualitätsjournalismus zu einem Nischenprodukt.[42] Manche mediale Formate suchten hingegen ihr Profil in Spielen, Unterhaltung (siehe oben), ober-flächlicher Emotionalisierung. Oft geschah dies auf Kosten einer nüchternen Gesellschaftsanalyse, die bestehenden Machtverhältnisse blieben in Kraft oder wurden ausgeweitet (von den prekären Arbeitsverhältnissen bis zur NATO-Osterweiterung). Die erhoffte gesellschaftliche Öffnung ab 1990 geschah einseitig zugunsten der Wirtschaft. Auch wenn in den vielen Städten tendenziell linke Regierungen ans Ruder kamen, so setzten diese ironischerweise neoliberale Programme um, was zu einer verstärkten Perspektivlosigkeit vieler Menschen im Alltag führte.[43] Das wiederbelebte Barockmotiv des Lebens als Spiel ist ebenso Ausdruck davon wie neoromantische Tendenzen im Theaterwesen. Flucht in Phantasiewelten oder in Süchte schienen normal zu werden.[44] Wer ausserhalb rein ökonomischer Konzepte die Verhältnisse verbessern wollte, galt zusehends als lächerlich, naiv, unbelehrbar oder gar moralisch zweifelhaft. Die Vermittlung wissenschaftlicher Erkenntnisse in den Medien richtet sich immer mehr nach den Wünschen der PR-Berater, dann dürfen wie beim Schachspiel stets beide Seiten gleich viel Redezeit oder Raum beanspruchen. Zwischen Sport, wirtschaftlichem Wettkampf, politischem Wahlkampf oder strenger Wissenschaft verschwimmen zusehends die Grenzen. Das Mantra von der ausgleichenden Kraft und der Gerechtigkeit des Marktes verkennt in seinem Allmachtanspruch Wesen und Logik der Wissenschaft oder will sie gezielt ausschalten, ihre Wirkung verhindern, schwächen, steuern und alles einer sozialdarwinistischen Sichtweise unterordnen. Wenn Medien möglichst ausgeglichen zwei Ansichten wiedergeben wollen zu einer Frage, über die in der Wissenschaft Konsens besteht, so erhält das Publikum einen verzerrten Eindruck und kommt zum Schluss, die Wahrheit liege irgendwo dazwischen (false balance).[45] Manche sprechen von einer «dysfunktionalen Öffentlichkeit».[46] Hatte in den 70er und 80er Jahren Günter Wallraff als Undercover-Journalist die Rolle des Anwalts der «kleinen Leute» übernommen und dubiose bis menschenverachtende Geschäftspraktiken aufgezeigt, räumte in den 00er-Jahren ein Journalist wie Claas Relotius Preise ab für, wie sich später herausstellte, grösstenteils erfundene Reportagen, in denen er die "dunklen Seiten" der Menschen auszuleuchten vorgab. Offenbar bediente er ein Erzählmuster, das bei den Entscheidungsträgern gut ankam. Tatsächlich ist es ein Trugschluss, dass negative Erzählungen grundsätzlich besser gefallen. Ist das tatsächlich die aktuelle Definition einer guten Erzählung? Was besagt das über den Erwartungshorizont der journalistischen Entscheidungsträger?[47] Der Graben zwischen einer wissenschaftlich fundierten Praxis und Aufregungsbewirtschaftung durch die Medien zeigte sich drastisch an einem jungen Straftäter («Fall Carlos»). Das öffentliche Schweizer Fernsehen drehte 2013 einen fragwürdigen Dokumentarfilm und sah sich nach Protesten aus der Fachwelt

ein Jahr darauf genötigt, einen zweiten, seriöseren Beitrag aus-
zustrahlen.[48]

Fazit: Es ist davon auszugehen, dass die Forschung weitere, genauere Einsichten über den Menschen und förderliche Sozialisa-
tionsbedingungen zutage fördern wird. Solange allerdings der
Fokus vorwiegend auf pharmazeutische und chirurgische Lö-
sungen oder Identitätsdebatten zielt, bleibt der «Doppelstan-
dard» bestehen, lässt sich der Graben zwischen einem zeitge-
mässen Menschenbild und einem Markt der Vorurteile schwer-
lich schliessen. Möglich ist dies nur über eine Bewusstwerdung
von und die Arbeit an Persönlichkeitsmustern, über den Mut,
aus Fehlanreizen, angeblichen Sachzwängen auszubrechen.[49]
Beispiele, dass dies in der Praxis möglich ist, sind längst vorhan-
den.[50] Oder in den Worten des Dichters:

Bereit sein war alles

Um mich vorzubereiten
auf die Belagerer
lernte ich
mein Herz immer kürzer halten

als hätte nur ich
mich belagert
von innen
und hätte gesiegt:

Das dauerte lange
Jetzt nach Jahren der Übung
versagt mein Herz
und ich sehe im Sterben das Land

Alles leer
Weit und breit
keine Sturmleitern
keine Feinde

Erich Fried[51]

Anmerkungen

[1] Graebner, David; Wengrow, David: Eine neue Geschichte der Menschheit. Stuttgart 2022.

[2] Goethe, Johann Wolfgang: Wilhelm Meisters Lehrjahre. 1796, Frankfurt 1980, S. 548. Im selben Zeitraum beschrieben Adam Smith (1759) oder Adolph Freiherr von Knigge (1788) Gefühle und soziales Verhalten des Menschen. In seinem Roman «Wahlverwandtschaften» (1809) vergleicht Goethe die Wandelbarkeit menschlicher Beziehungen mit dem Verhalten chemischer Elemente. Ausserdem Friedrich Schiller: Der Verbrecher aus verlorener Ehre (1786).

[3] Blom, Philipp: Böse Philosophen. Ein Salon in Paris und das vergessene Erbe der Aufklärung. Berlin 2006, S. 53.

[4] Bauer, Joachim: Prinzip Menschlichkeit. Warum wir von Natur aus kooperieren. 2006. Sennet, Richard: Zusammenarbeit. Was unsere Gesellschaft zusammenhält. 2012.

[5] Ansbacher H. L. und Ansbache R. R. (Hg.): Alfred Adlers Individualpsychologie. Eine systematische Darstellung seiner Lehre in Auszügen aus seinen Schriften. [1]1972, [5]2004. S. 36, 216.

[6] Ebd. S. 36. Dass der Bezug zu Adler gerne unterschlagen wird, hat System. «Er [Adler, P.B.] wird der am meisten ausgeschlachtete (und am wenigsten zitierte!) Psychologe.» Foudraine, Jan: Wer ist aus Holz. Neue Wege der Psychiatrie. 1974, S 321. Vgl. Kluy, Alexander: Alfred Adler. Die Vermessung der menschlichen Psyche. 2019 (zu den Erziehungsberatungsstellen S. 154-170. Kenner, Clara: Der zerrissene Himmel: Exil und Emigration der Wiener Individualpsychologie. 2007.

[7] Jaffé, Aniela; Fischli, Lela: Streiflichter zu Leben und Denken C. G. Jungs. Einsiedeln 2021. – Eine zeitweise bedenkliche Nähe zum Faschismus war bei Jung wie auch bei anderen Ärzten oder Psychologen eine inzwischen bekannte Tatsache. Künzli, Arnold: C. G. Jungs ideologische Verstrickung in den Nationalsozialismus. In: Neue Wege: Beträge zu Religion und Sozialismus (Zürich) 89/5, 1995, S. 136-143; Fischer, Anton M.: Sigmund Freuds erstes Land. Eine Kulturgeschichte der Psychotherapie in der Schweiz. Giessen 2013. Dort v. a. Kapitel 4; Kamber, Peter: Geschichte zweier Leben. Wladimir Rosenbaum & Aline Valangin. Zürich 2018. Zu Jakob Klaesi, 1933-1953 Direktor der Berner Klinik Waldau, siehe: Müller, Max: Erinnerungen. Erlebte Psychiatriegeschichte 1920-1960. Heidelberg 1982, S. 407ff. Womöglich liess sich selbst Freud blenden: Zapperi, Robert: Freud und Mussolini. Berlin 2016.

[8] In der Sowjetunion gerät die Psychoanalyse ab 1925 in Bedrängnis. Richebächer, Sabine: Psychoanalyse in Russland – Gefährliche Liaison mit der Macht. NZZ 2. 12. 2017. In Deutschland ab 1933. Zum fehlenden Nachwuchs und dem weiterhin bestehenden Einfluss konservativer Psychiater, siehe: Müller 1982, S. 383. In Ostdeutschland war der Begriff «Neurose» unter Medizinern unbekannt. Ebd. – Es sind nicht zuletzt Schweizer Analytiker (Meng, Bally, Zullinger, Berna, Parin), die in Deutschland nach dem Krieg eine Art Entwicklungshilfe im Bereich Psychoanalyse leisten. Doch auch in

der Schweiz ist der Zustand der Psychoanalyse prekär, Ausbildungen finden praktisch nicht statt. Fischer 2013, S. 434f. .

[9] Bregman, Rutger: Im Grunde gut. Eine neue Geschichte der Menschheit. Hamburg 2020, S. 21. Der Begriff der Fassadentheorie geht auf den Biologen Frans de Waal zurück.

[10] Bregman 2020, S. 39ff., 167ff., 186ff. – Hinter Aggressionen stehen laut Bregman zumeist Zwang und Gewalt. Bedeutend ist, dass die «Fiktion des Geldes» immer wieder mit Gewalt durchgesetzt werde, wie auf den stark in der Religion verwurzelten Glauben an das Schlechte im Menschen. Ebd. S. 201, 263f.

[11] Bregman 2020, S. 182. Ähnlich auch die Publikationen von Charles Murray oder Richard Herrnstein. Deren Auffassung, wonach Intelligenz primär erblich bedingt sei, befeuert den Trend zu Privatschulen in den USA und anderswo. Ich bedanke mir für den Hinweis wie auch für den auf Ogburn bei Jakob Tanner.

[12] https://de.wikipedia.org/wiki/Hendrik_Frensch_Verwoerd.

[13] Anton Trstenjak. Vgl. Mazzini, Miha: Du existierst nicht. Bad Langensalza 2021, S. 305f.

[14] Bregman 2020, S 264. An anderer Stelle bezeichnet Bregman die Erfindung von Geld, Schrift, Rechtsprechung, die gemeinhin als Meilensteile der Zivilisation gesehen würden, als «Meilensteine der Unterdrückung». Ebd. S. 133.

[15] Um nur eine kleinste Auswahl der Autoren zu geben, die auf die Pervertierung des menschlichen Wesens durch Machtstrukturen hinweisen wie auch auf seine Neigung zur sozialen Kooperation: Jakob Wassermann, Fritz Hochwälder, Hannah Arendt, Michel Foucault, Mark Lilla, Karl Kraus, Noam Chomsky, Ferdinand von Schirach, sowie die gesamte neuere neurologische und anthropologische Literatur.

[16] Stirner, Max: Der Einzige und sein Eigentum. [1]1844, München/Freiburg [3]2016, S. 189.

[17] Vgl. dazu Schatzmann, Morton: Die Angst vor dem Vater. Langzeitwirkungen einer Erziehungsmethode/ Eine Analsyse am Fall Schreber. 1974 (im Original «Soul murder» 1973); Miller, Alice: Am Anfang war Erziehung. 1980.

[18] In ihrer belletristischen Bearbeitung «Hotel Weitblick» (2021) zieht Renate Silberer eine klare Parallele zwischen der Erziehungstradition Haarers und dem Zustand von Führungspersonal im Neoliberalismus. – Im Zusammenhang mit dem Nationalsozialismus ist festzuhalten, dass nicht lediglich «blinde», «hasserfüllte» Konzepte vorherrschten, sondern Werte wie Kameradschaft und Verantwortung zumindest simuliert wurden. Die übelsten Verbrechen geschahen, wo die Vorgesetzten Verantwortung an ihre Untergebenen delegierten und diese «möglichst gut dastehen» wollten. Browning, Christopher: Ordinary Men – Reserve Police Battalion 101 and the Final Solution in Poland. New York 1993.

[19] Gstach, Johannes; Datler, Wilfried: Zur Geschichte und Konzeption der individualpsychologischen Erziehungsberatung im Wien der Zwischenkriegszeit. In: Zeitschrift für Individualpsychologie 26, 2001, S. 200-221. Siehe auch: Mayer, Lilly: Auf Wiedersehen Kinder! Ernst Papanek: Revolutionär, Reformpädagoge und Retter jüdischer Kinder. 2021. Leider drängt in der aktuellen Wahrnehmung eine Freud-lastige Darstellung den für die Pädagogik bedeutenderen Beitrag Adlers immer wieder an den Rand. Exemplarisch

dafür: Danto, Elizabeth Ann: «Diese vitale Stärke» - Sigmund Freud und die Psychoanalytiker des Roten Wien. In: Schwarz, Michael u.a. (Hg.): Das Rote Wien 1919-1934. Ideen, Debatten, Praxis. (Ausstellungskatalog Wien Museum) 2019, S. 84-89.

[20] I. B.: Summerhill, die Schule zur Erziehung freier Menschen. In: Schaffhauser Arbeiterzeitung 4. 1. 1950. I. B. war ein Pseudonym von Josef Rattner und Friedrich Liebling.

[21] Neill, Alexander Sutherland: Theorie und Praxis der antiautoritären Erziehung. Das Beispiel Summerhill. [1]1965, 1969, S. 116.

[22] Sloterdijk, Peter: Du musst dein Leben ändern. Über Anthropotechnik. [1]2009, [4]2019 S. 54f.

[23] Van Schaik, Carel; Michel, Kai: Die Wahrheit über Eva. Die Erfindung der Ungleichheit von Frauen und Männern. 2020, S. 78ff.

[24] Die Literatur zu systematischen Misshandlungen in staatlichen und kirchlichen Einrichtungen im 19. und 20 Jahrhundert, ist uferlos. Siehe u.a.: Wensierski, Peter: Schläge im Namen des Herrn. Die verdrängte Geschichte der Heimkinder in der Bundesrepublik. München 2006. Menrath, Manuel: Unter dem Nordlicht. Indianer aus Kanada erzählen von ihrem Land. Berlin 2020. Pope, Grit; Pope, Niklas: Die Weggesperrten. Umerziehung in der DDR – Schicksale von Kindern und Jugendlichen. Berlin 2021.

[25] Vgl. Urs Tobler* im Interview. Boller, Peter: Mit Psychologie die Welt verändern. Die «Zürcher Schule» Friedrich Lieblings und die Gesellschaft 1952-1982. Zürich 2007, S. 239.

[26] Fromm, Erich: Escape from Freedom. New York 1941. (D: Die Furcht vor der Freiheit. Zürich 1945.) Ders.: The sane Society. New York 1955. (D: Wege aus einer kranken Gesellschaft. Frankfurt 1960)

[27] Buggle, Franz: Denn sie wissen nicht, was sie glauben. Freiburg 1992, S. 290ff.

[28] Seit den 70er Jahren stark vertreten sind katholische und evangelikale Initiativen, siehe: https://www.medieninitiative.pro; https://journalistenschule-ifp.de.

[29] Vgl. Roy, Olivier: Heilige Einfalt. Über die politischen Gefahren entwurzelter Religionen. 2010; Alm, Niko: Ohne Bekenntnis. Wie mit Religion Politik gemacht wird. 2019; Benslama, Fethi: Der Übermuslim. Was junge Menschen in die Radikalisierung treibt. 2017; Assmann, Jan; Assmann, Aleida: Monotheismus und Gewalt. 2013; Sahlins; Marshall: Das Menschenbild des Abendlands – Ein Missverständnis. 2017.

[30] Hampe, Michael: Die Lehren der Philosophie. Eine Kritik. 2016, S. 330, 387.

[31] Vgl. Stegemann, Bernd: Die Moralfalle. Für eine Befreiung linker Politik. 2018. Mit stärkerem Fokus auf feministische Positionen: Flasspöhler, Svenja: Die potente Frau. Für eine neue Weiblichkeit. 2018; Fourest, Caroline: Generation beleidigt. Von der Sprachpolizei zur Gedankenpolizei. 2020.

[32] Ein Beispiel für viele: Während in der Schweiz die öffentlichen Verkehrsmittel keine Werbesprüche von Freidenkern erlauben, lassen sie Werbesprüche von christlichen Gruppierungen zu. Siehe: St. Galler Tagblatt 21. 10. 2008 und www.swissinfo.ch 31. 8. 2018 (https://www.tagblatt.ch/ostschweiz/stgallen-gossau-rorschach/vbsg-lehnen-plakatkampagne-von-freidenker-vereinigung-ab-ld.180767; https://www.swissinfo.ch/ger/-gottes-

wort-_ein-bibelspruch--der-zwietracht-saet/44363280). Auch bei der Abstimmung über die «Ehe für alle» zeigten sich die dort allerdings erfolglosen christlichen Netzwerke. Widla, Natalia: Der reak-tionäre Filz der Schweiz. Wochenzeitung 37, 16. 9. 2021 (https://www.woz.ch/-bd31) – Darauf, dass auch die westlichen Gesellschaften nicht die gebotenen Konsequenzen aus der Auf-klärung gezogen hätten, weisen diverse Stimmen seit geraumer Zeit hin, z. B. Blom 2013; Neiman, Susan: Warum erwachsen werden? Eine philosophische Ermutigung. 2014; Horkheimer, Max; Adorno, Theodor W.: Dialektik der Aufklärung. [1]1944.

[33] Dass Arthur Miller in seinem Stück «Hexenjagd» (1953) Mc Carthys massenwirksame Verfolgung mit den religiösen Verirrungen von 1692 vergleicht, dürfte ebenso wenig Zufall sein wie der Umstand, dass sich prominente Antikommunisten wie Chiles Diktator Pinochet als Retter des christlichen Abendlandes verstanden, was sich wiederum problemlos mit einer «neoliberalen» Wirtschaftspolitik verbinden liess. Zur damals emotional aufgeladenen Atmosphäre in Zürich siehe: Lutz, Rafael: Heisse Fäuste im Kalten Krieg. Antikommunistischer Krawall beim Bahnhof Zürich Enge 1957. Zürich 2019.

[34] EJPD (Hg.): Bachmann, Albert; Grosjean, Georges: Zivilverteidigung. 1969, S. 229. Vgl. Höchner, Francesca: Zivilverteidigung – Ein Normenbuch für die Schweiz. Schweizerischen Zeitschrift für Geschichte 54, 2004, S. 188-203.

[35] «Ganze Karrieren wurden nicht auf intellektueller Leistung aufgebaut, sondern auf dem Nachweis der Übel des Kommunismus, auf Reue, auf der Denunziation von Freunden oder Kollegen, auf der – neuerlichen – Kollaboration mit den Feinden der ehemaligen Freunde. Ganze Diskurssysteme leiteten sich vom Antikommunismus ab, angefangen beim angeblichen Pragmatismus der Lehre vom Ende der Ideologien bis hin zu seinem kurzlebigen Erbe, der Lehre vom Ende der Geschichte.» (Said, Edward: Götter, die keine sind. Der Ort des Intellektuellen. 1994, S. 113).

[36] Vgl. zum Beispiel die Ausstellung «Die totale Heilmethode des Prof. Pilzbarth» (1994) in Zürich von Jürg Willi und Margaretha Dubach, gezeigt im medizinhistorischen Museum und im Landesmuseum Zürich.

[37] Enke, Julia: Klaus Theweleit im Gespräch: Der Feminist. FAZ, 25. 9. 2019.

[38] Chamayou, Grégoire: Die unregierbare Gesellschaft. Eine Genealogie des autoritären Liberalismus. Berlin 2019; Reckwitz, Andreas: Die Gesellschaft der Singularitäten. Berlin 2017. Houellebecq, Michel: Elementarteilchen (Roman). Köln 1999.

[39] Vgl. Boller 2007, S. 28; Hampe 2016, S. 230. – Eine literarisch-autobiographische Bearbeitung dazu am Beispiel der französischen Provinz: Louis, Edouard: Wer hat meinen Vater umgebracht. Frankfurt 2019.

[40] Manche sehen auch die postmodernen Theorien in der Verantwortung für die Ausbreitung des Neoliberalismus, indem sie den gesellschaftlichen Zerfall nicht nur beschreiben, sondern geradezu vorschreiben, dass die Systeme nicht zusammenhängen dürfen. «In den postmodernen Theorien wird die neue Weltanschauung des neoliberalen Kapitalismus, der die Gesellschaft als atomisiertes Chaos individueller Interessen sieht, philosophisch geadelt.» Stegemann, Bernd: Die Öffentlichkeit und ihre Feinde. Stuttgart 2021, S. 18. – Man beachte das doppelbödige Spiel der TV-Macher. In der Serie «Big Brother» greifen sie nicht nur die unter diesem Namen beschrie-

bene dystopische Überwachungs- und Manipulationspraxis in «1984» (1949, Roman) von George Orwell ironisch auf, sondern sie benutzen sie zugleich als Vorlage zur Beschreibung gesellschaftlicher Mechanismen, aber nicht im Sinne Orwells, der die stalinistischen Verirrungen kritisierte, sondern als Herrschaftspraxis entlang dem Motto «Brot und Spiele». Ähnlich liesse sich auch Dürrenmatts Rede «Die Schweiz als Gefängnis» (1990) als Farce inszenieren. Möglicherweise ist die Ironisierung die einzige Methode, um von einer kritischen Analsyse der Gegenwart abzulenken. – Dass nicht nur rechte Denker, sondern auch Linke zu autoritären Vorbildern neigen, beschreibt Lilla, Mark: Der hemmungslose Geist. Die Tyrannophilie der Intellektuellen. München 2015. Dass insbesondere in pädagogischen Kreisen die Sehnsucht nach einer Strafkultur nicht ganz ausgestorben ist, zeigte eine Debatte von 2006. Bueb, Bernhard: Lob der Disziplin. Eine Streitschrift. Berlin 2006.

[41] Kepplinger, Hans Mathias: Systemversagen an der Grenze von Wissenschaft, Journalismus und Politik. In: Russ-Mohl, Stephan (Hrsg.): Streitlust und Streitkunst. Diskurs als Essenz der Demokratie. Köln 2020, S. 183-195; Post, Senja: Einmütig in Krisenzeiten. Konformitätsdruck durch Gewissheitsstreben. Ebd. S. 331-342; Moreno, Juan: Tausend Zeilen Lüge. Das System Relotius und der deutsche Journalismus. 2019. Wer die Politik westlicher Staaten kritisch dokumentiert, darf in diesen Staaten nicht mehr mit Einhaltung der Menschenrechte rechnen. Melzer, Nils: Der Fall Assange. Geschichte einer Verfolgung. München 2021; Snowden, Edward: Permanent Record. Meine Geschichte. Frankfurt 2019.

[42] Doch auch im 21. Jahrhundert mischen staatliche Akteure in der Informationsflut mit und selbst Lärmerzeugung kann eine gezielte Form von Zensur sein. Pomerantsev, Peter: Das ist keine Propaganda. Wie unsere Wirklichkeit zertrümmert wird. München 2019, S. 50ff.

[43] Bernd Stegemann spricht von einem immer stärker verbreiteten Gefühl des Ausgeschlossenseins aus der Gesellschaft. Stegemann 2021, S. 50.

[44] Einerseits bedeutete dies eine Entkriminalisierung und ein Verzicht auf eine moralische Debatte von Drogenkonsum mit dem Ziel, Süchtigen das Leben zu erleichtern und ein Mindestmass von Würde zu ermöglichen. Andererseits führte es auch zu einer Banalisierung und Unterschätzung diverser Suchtmittel. So hatte in den USA in der Regierungszeit von Bill Clinton die Zulassungsbehörde für Arzneimittel geschwächt (1992: Prescription Drug User Fee Act; 1997: FDA-Moderinsierungsgesetz), was einen nie gesehenen Aufschwung legal gehandelter opiumhaltiger Schmerzmittel («Oxycontin») mit einem langandauernden Anstieg von Suchtkranken und -toten nach sich zog. Kohlenberg, Kerstin: Betäubte Bürger. In: Die Zeit, 17. 1. 2018 (https://www.zeit.de/2018/04/opioide-usa-drogen-tote-schmerztabletten-mittel-schicht, 2.12.21)

[45] Brodnig, Ingrid: Einspruch. Verschwörungsmythen und Fake News kontern – in der Familie, im Freundeskreis und online. Wien 2021, S. 98. Siehe auch: Oreskes, Naomi; Conway, Erik M. Die Machiavellis der Wissenschaft. Das Netzwerk des Leugnens. 2010. Eine neuere Publikation sieht die Ursachen für den Vertrauensverlust der Öffentlichkeit gegenüber den "seriösen Medien" zumindest teilweise darin, dass diese nicht mehr tatsächliche gesellschaftliche Probleme abbildetenn oder verantwortungsvoll moderierten, sondern in erster Linie Meinungsmache betrieben. Die angesprochenen

Medien reagierten darauf einhellig ablehnend. Precht, Richard David; Welzer, Harald: Die vierte Gewalt. Wie Mehrheitsmeinung gemacht wird – auch wenn sie keine ist. Frankfurt 2022. – Noch immer bedenkenswert ist die These von der der "Schweigespirale": Elisabeth Noelle-Neumann: "Öffentliche Meinung. Die Entdeckung der Schweigespirale" (1989). Auf die Dringlichkeit, die integrative Funktion des medialen Raums zu erhalten, weist in seinem jüngsten Beitrag Jürgen Habermas in "Ein neuer Strukturwandes der Öffentlichkeit und die deliberative Politik" (2022) hin. Besonders schwer scheint man sich mit dem Verdacht zu tun, dass es sich um systemische Mängel handelt.

[46] Stegemann 2021, S. 21.

[47] Zu Relotius: Moreno 2019. Zur anthropologischen Bedeutung des Erzählens: Siefer, Werner: Der Erzählinstinkt. Warum das Gehirn in Geschichten denkt. München 2015.

[48] Bäni, Hanspeter: Der Jugendanwalt. (Video) In: «Reporter», SRF1, 25. 8. 2013. – Christen, Simon; Bäni, Hanspeter: Zwischen Recht und Gerechtigkeit – Von «Carlos» und anderen jungen Straftätern. (Video) In: «DOK» SRF1, 2. 10. 2014. (https://de.wikipedia.org/wiki/Fall_«Carlos») – Dass Medien und Filmschaffende in der Breite oft darin scheitern, ein realistisches Bild von Gewalttätern zu vermitteln, darauf weist die langjährige britische Forensikerin Gwen Adshead in einer persönlichen Dokumentation mehrmals hin. Adshead, Gwen; Horne, Eileen: Warum Menschen Böses tun. Eine forensische Psychiaterin erzählt von ihren Fällen. Köln 2022.

[49] Omri Boehm weist nach, dass im Sinn der weitergeführten Aufklärung eine Abkehr von starren Verhaltensnormen, auch wenn sie "gut gemeint" sind, ein Bruch mit der Autoritätsgläubigkeit, notwendig ist. Boehm, Omri: Radikaler Universalismus. Jenseits von Identität. Berlin 2022.

[50] Siehe: Czerny, Sabine: Was wir unseren Kindern in der Schule antun und wie wir das ändern können. München 2010. Berbner, Bastian: 180 Grad. Geschichten gegen den Hass. München 2019.

[51] Fried, Erich: Liebesgedichte. 1979. Berlin 1995, S. 89.

(Falls nicht anders vermerkt, wurden die online-Quellen zuletzt am 11.10.22 agerufen.)

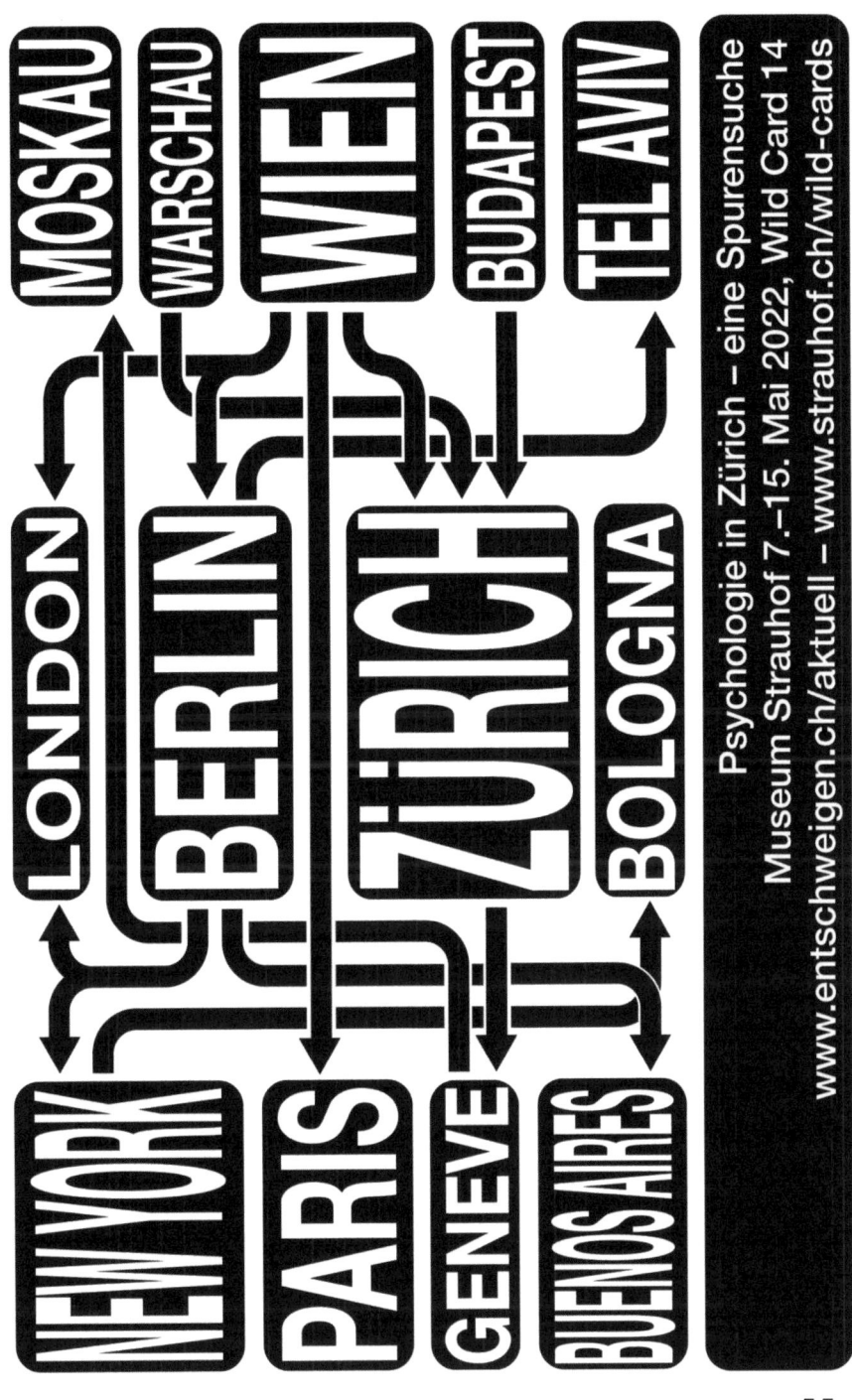

Psychologie in Zürich – eine Spurensuche
Museum Strauhof 7.–15. Mai 2022, Wild Card 14
www.entschweigen.ch/aktuell – www.strauhof.ch/wild-cards

Szondi
Cohn Pfister
Bally Spielrein
Miller
Liebling
Adler Boss
Meierhofer Louis
Gruen Bleuler
Parin Jung Gross
Freud

© www.entschweigen.ch

Psychologie in Zürich – eine Spurensuche
Museum Strauhof 7.–15. Mai 2022, Wild Card 14
www.entschweigen.ch/aktuell – www.strauhof.ch

. . . .

Öffnungszeiten/Programm: Sa (7. 5.): 14–17h
danach: Di–Fr: 12–18h, Do: 12–22h, Sa/So: 11–17h
Führung durch die Ausstellung: Mi: 12.15h, So: 14h
Stadtrundgang: Di: 14h, Sa: 14h, Treffpunkt: Museum

Hier entschweigen wir Zürich!

Öffnungszeiten/Programm: Sa (7. 5.): 14–17h
danach: Di–Fr: 12–18h, Do: 12–22h, Sa/So: 11–17h
Führung durch die Ausstellung: Mi: 12.15h, So: 14h
Stadtrundgang: Di: 14h, Sa: 14h, Treffpunkt: Museum

Museum Strauhof, Wild Card 14 - 1. Stock
7.–15. Mai 2022
Tiefenpsychologie in Zürich – eine Spurensuche

Psychologie in Zürich – eine Spurensuche
Museum Strauhof 7.–15. Mai 2022, Wild Card 14
www.entschweigen.ch/aktuell – www.strauhof.ch/wild-cards